Kurz
angebunden

Aphorismen

Gedanken

Splitter

2020

1. Auflage 2020

Andree Amelang
andreeamelang@web.de
Alle Rechte beim Autor.

ISBN 978-3-75199-504-7

Herstellung von Verlag:
BoD – Books on Demand
Nordersted

Sein oder mein – das ist hier die Frage!

~

Trägerlose Kleidung: Alles, was seit Jahren im Schrank hängt.

~

Ein bisschen Nero steckt in jedem Pyromanen.

~

Viel lieber nimmt der Mensch Geld an als Vernunft.

~

Erinnerungen folgen keiner Logik oder gar Prioritätenliste.

~

Berlussconi – der letzte alte Römer.

~

Wer sich den Rücken schrubbt, greift aktiv nach hinten.

~

Wer hoch hinaus will, hat tiefschürfende Pläne.

~

Der Glatzkopf denkt wohl, die Pechsträhne betrifft ihn nicht …

~

Das Auge des Gesetzes arbeitet manchmal mit dem Blindenstock.

~

Jeglicher Sinn des Lebens kann nur ein individueller sein.

~

Liebe – das ist Leben im 5. Gang.

~

Mit jedem unnötigen Kauf gibt der Mensch ein Stück Seele ab.

~

Des Dichters Wort ist stets von des Volkes Taten abgeschaut.

~

Die Einsamkeit zwingt jeden Eremit zur Kreativität.

~

―――――

Grenzenlose Freiheit ist Gefangenschaft in der Unendlichkeit.

~

Den Nächsten sollen wir lieben – nicht den Nächstbesten.

~

Das Lebensziel steht für die positive Seite des Schicksals.

~

Die Sonnenseite der Menschen nennt man öffentliche Moral.

~

Wer sich dumm anstellt, muss doch blöd sein.

~

Überwerfe dich mit jedem, der dich unterwerfen will.

~

Menschen, die kein Blut sehen können, töten per Knopfdruck.

~

Wer mehrfach auszuteilen gedenkt, muss seine Kräfte einteilen.

~

Der trendige Bürger passt in diese Welt.

~

Mit viel Glück schrammt man am Kern der Katastrophe vorbei.

~

E-Nummern kompensieren fehlendes Salz in der Suppe.

~

Vegetariern und Veganern ist vieles Wurst.

~

In einer Schar Nackter fällt der Mann mit Hut auf.

~

Egal, was man zu tun gedenkt – immer steht jemand im Weg.

~

Die Werbung gehört zu den Weltmächten.

~

———

Die Welt trägt weit mehr Schmarotzer als nur Pilz und Mistel.

~

Volksaufstand auf bayerisch: Oktoberfest.

~

Vertreibe mir die Zeit oder ich schlage sie sinnlos tot.

~

Welt, die: vier Buchstaben - mit riesigen Dimensionen.

~

Die Hoffnung endet erst mit dem Leben.

~

Niemand will glauben, dass die Erinnerung selektiert.

~

Für die Liebe zum Geld ist es nie zu spät.

~

Wir sind bescheiden und nehmen nur große Scheine.

~

Der Freitag vor dem Totensonntag ist Feiertag aller Floristen.

~

Wer widerspricht, muss Nerven zeigen.

~

Vor 80 Jahren wurde beim Wetterdienst noch gewürfelt.

~

Nimm mich so, wie ich bin, aber nimm mich!

~

Früher reichte eine Behauptung zur Enthauptung.

~

Vom Dank der Welt wurde noch keiner reich.

~

Wer schön sein will, muss dafür zahlen!

~

Gespenster mit Identitätskrise fürchten sich selbst.

~

Dem Treiben folgt meist das Abtreiben.

~

Dass Gott in Frankreich lebt, hört man im Vatikan nicht gern.

~

Wir gehen alle mit der Zeit – fort von dieser Welt.

~

Kein einziger Stehimbiss bietet Sitzfleisch an.

~

Geflügelten Worten kann die Vogelgrippe nichts anhaben.

~

Lieber gemütlich setzen, als blöd stellen.

~

Die Zeiten sind relativ öde, aber absolut lausig.

~

Erst benötigt man eine Sehhilfe, später auch die Gehhilfe.

~

Ein Wesen, das gewesen, muss verwesen.

~

Viele auf hohem Ross Sitzende fahren dicke Autos.

~

Der eingebildete Kranke geht nicht zum angeblichen Arzt.

~

Teile nicht und herrsche trotzdem.

~

Auch so ein Jojo-Effekt: „Wie geht's dir?" — "Jojo."

~

———

„Ich krieg' die Krise!" — Und das mitten in der Rezession …

~

Der Satan weicht nicht – er ist ein harter Kerl.

~

Egal, ob Migräne oder Wissen – Hauptsache: Was im Kopf.

~

Wenn alle Stricke reißen, trifft es Bergsteiger am härtesten.

~

Dunkler wird's nicht, jedoch heller mit Sicherheit.

~

Gestern war auch ein Tag!

~

Gerade Leute, die nichts tun, machen vieles falsch.

~

Alles fließt – das kennt man vom Bier.

~

Von dem, der sofort zuschlägt, erwarte keine Gewissensbisse.

~

Selbst den besten Läufer holt das Gewissen ein.

~

Die Männer tragen ihr Silikon im Bauch.

~

Wer seiner Zeit voraus ist, tut nichts für den Augenblick.

~

Niemand rettet die Welt gratis.

~

Die Meinung zu Nippes sagt alles über das Kulturbewusstsein.

~

Vor dem Computer sitzend, tragen viele ihre Haut zu Markte.

~

Finanziell zog ich schon des Öfteren blank.

~

Was nutzen Rechte, wenn die Pflichten links liegen bleiben.

~

Ein typischer Vertreter des Abendlandes: Immer schläfrig.

~

Das letzte Wort ist gesprochen, verkündet wird es später.

~

Den kranken Baum erkennt man am absteigenden Ast.

~

Gott sieht alles! Wieder ein zufriedener Fielmannkunde!

~

Wer mit allen Wassern gewaschen, muss als verseucht gelten.

~

Die Kenntnis aller Wahrheiten führt dich in den Wahnsinn.

~

Auf Gewohnheitsrecht pocht, wer von Veränderung nichts hält.

~

Nur ein Gott erstellt im ersten Anlauf druckreife Texte.

~

Der Kasseler: My home is my Kassel.

~

Der Berater des Herrschers trägt unsichtbar die Krone.

~

Hoffe handelnd, nicht abwartend!

~

Sei ein Lösungsoptimist.

~

Tausend Mäuse ersetzen den Elefanten im Porzellanladen.

~

Gleichmacherei beendet jede Vielfalt.

~

Ein oft ausgesprochener Grundsatz: Über den Tag kommen.

~

Der Anblick eines Blütenmeeres nährt neue Hoffnung.

~

Sein oder mein – das ist hier die Frage!

~

… denn sie wissen genau, was sie nicht tun wollen.

~

Irgendwann ist es zu spät mit dem Zu-früh-Freuen.

~

Ich schaue nicht auf dich herab, sondern dir bei der Arbeit zu.

~

Eiserne Jungfrau (die):
unberührte Tochter des Schrotthändlers.

~

Die Zukunft steht vor der Tür, und das täglich.

~

In der Atacama-Wüste bestätigt die Ausnahme den Regen.

~

Alle Verblödungsstrategien zielen auf ein Millionenpublikum.

~

Es begeht keinen Diebstahl, wer sich Zeit nimmt.

~

Um Knete zu kaufen, braucht man Knete.

~

———

Der Klügere schenkt nach!

~

Am Wahltag geht scheinbar alle Macht vom Volke aus.

~

Alle „Hilfe" von außen führt in die Sklaverei.

~

Ich konsumiere, also bin ich!

~

Der Ofen ist aus und alle Grünen zufrieden.

~

Alle deutschen Wege führen zum Finanzamt.

~

Einen Feind bekehrt man nicht per Werbegeschenk.

~

Der Griff ins Klo gehört zum Tun einiger Handwerker.

~

Jeder weiß, was er sucht, jedoch nicht, was er vorfinden wird.

~

Gestern legte er Band II seines Geständnisses ab …

~

Anfangs herrscht in jeder Lehre große Leere.

~

Betretene Minen – das sind Schaubergwerke.

~

Nutze den Tag und schaffe – nutze die Nacht und schlafe.

~

Wer sich selbst ein Bein stellt, braucht keinen Feind.

~

———

Weniger als null und nicht viel mehr als nichts.

~

Versager bedürfen keiner Bewertung nach Skala.

~

Die Erinnerung ist eine Wissenschaft für sich.

~

Der gehobene Rock zeigt das Fallen der Hemmschwelle an.

~

Dunkelziffer (die):
eine schlecht beleuchtete Hausnummer.

~

Man rutscht von einer Sauregurkenzeit in die nächste.

~

„Messbar" bedeutet noch lange nicht „technisch nutzbar".

~

Wer sich zu Hause betrinkt, trägt ein Heimspiel aus.

~

Am Ende der Sackgasse blickt man verdutzt auf „Game Over".

~

Diskussionen mit Dummköpfen sind end-, zeit- und nutzlos.

~

Steter Tropfen Zeit höhlt eines Menschen Jugend.

~

Wer seine Geliebte heiratet, nimmt ihr den Status.

~

Vieles, was heute im Müll landet, war gestern noch modern.

~

Das Streiten über die Kunst gehört ebenfalls zu den Künsten.

~

Wir pausieren nicht, wir warten auf die Zukunft!

~

Der überfüllte Ostseestrand: ein bergloser Albtraum.

~

Die Heimsuchung kann einen auch in der Fremde treffen.

~

„Kinderleicht" klingt allemal besser als „idiotensicher".

~

Auch in heilen Familien lebt nicht jeder gesund.

~

Zwar ist die Zeit relativ, jedoch haben wir immer keine.

~

Auch falsche Absichten sind ernsthaft gehegte.

~

Manchmal hängt zu Hause der Geldsegen schief …

~

Es sieht aus wie Sitzstreik – das Warten auf bessere Zeiten.

~

In der DDR mangelte es an allem, aber Zeit gab es selbst dort.

~

Den Heiligen Geist kennt man heute nur noch aus der Flasche.

~

Ein unbedachter Link, und man ist der Gelinkte.

~

Wer sein Gewicht reduziert, schmälert keine einzige Marotte.

~

Es lebt niemand für die später geschriebene Biographie.

~

———

Die Wirklichkeit übertrifft jeden Horrorfilm.

~

Die Autobahn: Pilgerweg der Motorisierten!

~

„Ich habe ein Handicap!" – „Welche Marke?"

~

Alle Menschen sind Brüder, auch die Schwestern.

~

Es kommt jeder Mensch unter das Rad der Geschichte.

~

Platz für Scheine bietet der kleinste Geldbeutel.

~

Himmel küsst Erde – so wird alles enden.

~

Mit den Jahren müssen auch die Prinzipien wachsen.

~

Wer sich etwas vor macht, dem schleichen lange Schatten nach.

~

Lieber fein raus als schlecht rein.

~

Prinzipien dürfen nicht zur starren Schiene werden.

~

Ja, damals, da gab es noch Diebe ohne Gewerbeschein.

~

Erkenne das Alter als Aktie des Gestern an.

~

Schon viele plauderten aus und brockten sich damit was ein.

~

Nicht alle Mutanten sind weiblich.

~

Zwischen Glaube und Wissen steht das Gewissen.

~

So wie der Tag, besitzt auch das Leben keine Überstunde.

~

Dem Maler rutscht der Pinsel ab und prompt entsteht Kunst.

~

Aus „fröhlicher Kindheit" wurde „Zeit vor dem Computer".

~

Jeder weitere Tag bringt neue Ideen und weitere Irrtümer.

~

Der Suppenhahn – ein ausgekochter Typ.

~

Den Männern ist's recht, wenn die Frauen willig.

~

Augenblick (der):
die kleinste aller Ewigkeiten.

~

Denke aufrecht, sonst bekommst du geistige Haltungsschäden.

~

Auch die Denkpause hat ihre Koryphäen.

~

Der Hässlichkeit mangelt es nicht an Schönheitsfehlern.

~

So lange aus Spaß kein Ernst wird, kann man auf jeden zählen.

~

Siegmund Freud erforschte Freud und Leid.

~

Gesellschaft (die):
Das klingt besser als moderner Kannibalismus!

~

Gesellschaft (die):
eine Misstrauensgemeinschaft.

~

Erst plagt einen das Fernweh, dann das Heimweh.

~

Innerhalb weniger Tage wird jedes Brot zur Hardware.

~

Jeder Stümper darf als Virtuose seines Tuns gelten.

~

Der sportliche Täter joggt zum Tatort.

~

Die Kneipe sehe weder als Home noch als Castle an.

~

Menschen schaffen im Betrieb, Schafe schaffen auf der Wiese.

~

Man freut sich eine Rede lang auf die Kaffeepause danach.

~

Die Arbeit geht ihm wie von linker Hand.

~

Wer das Sagen hat, spricht befehlend zum Volk.

~

Alle, die sich irgendwann mal totlachten, leben noch.

~

Ich brauche keine Villa – da müsste meine Frau zu viel putzen.

~

Es gibt eingebildete Probleme und reich bebilderte.

~

Die Zuschauer jubeln niemals aus Mitleid.

~

Manch einer kann alles gebrauchen, jedoch nichts verwerten.

~

In der Wahrnehmung von Farbtönen steckt sehr viel Gemüt.

~

Von Schein und Traum lebt eine ganze Industrie.

~

Der Schein heiligt die Mittel der Korruption.

~

Sonnenuntergang (der):
Er heißt nur so.

~

Die Zeiten ändern sich – im Gegensatz zu den Menschen.

~

Wer über den Dingen schwebt, ist nirgends mittendrin.

~

Die Gedanken sind oft frei von jeglicher Logik.

~

Wer mit sich selbst nicht fertig wird, der ist fertig.

~

A wie Anfang und Z wie Ziel.

~

Auf der Süßwarenmesse spricht niemand über Karies.

~

Ein letzter Bus fährt immer, niemand muss zur Hölle laufen.

~

Dem Kannibalen schmeckt auch die scheinbar hässliche Frau.

~

Der Bußgeldkatalog wurde nicht im Vatikan erarbeitet.

~

Es gibt Leute, die herumkamen, andere kamen herunter.

~

Auch ohne Navi finde ich zu meiner Versuchung.

~

Wer illegal Bäume fällt, über den fällen andere ein Urteil.

~

Es isst der Mensch, so lang er lebt.

~

Jede Wahrheit hat nur einen Gehalt, aber viele Auslegungen.

~

Wenn der Mann auf's Wort hört, hat die Frau einen guten Ruf.

~

Wenn die Zeit wegläuft, hilft auch der Blick auf die Uhr nicht.

~

Der Hass von Menschen kann nur Menschen treffen.

~

Kein Goldsucher flucht, wenn er lediglich Diamanten findet.

~

Das Wasserbett ist kein Garant für feuchte Träume.

~

Helden haben niemals Urlaub.

~

Vorbehalte wirken als Bremsklötze.

~

Wem gehört die Welt und wem warum nicht?

~

So lang die Menschen Gerüchte verbreiten, geht's ihnen gut!

~

Ewig währt am längsten.

~

Man gibt sich hin, her oder auf.

~

Für den Pyromanen ist das Leben ein Spiel mit dem Feuer.

~

Wer nichts tut, kann immer noch im Wege stehen.

~

Auch Junggebliebene kann die Altersarmut treffen.

~

*Ero*dick ist nicht jedermanns Sache.

~

Bei weitem nicht alle Skulpturen haben Hand und Fuß.

~

Meine Falten sind echt, die Sorgen auch.

~

Im Präkambrium zeigte noch keine Kreatur Rückgrat.

~

Politiker sind generell vielversprechend.

~

Die Warteschlangen bewegen sich auf Beinen vorwärts.

~

Jeder ist seines eigenen Lebens Chef wie Schiedsrichter.

~

Aller Anfang mag schwer sein, doch jedes Ende dick.

~

Selbst beim Nichtstun können sich Fehler einschleichen.

~

Man nimmt sich die Zeit, keine zu haben.

~

Ihre Silikonbrust braucht sie nur dienstlich.

~

Nicht nur bei den Glockengießern lobt das Werk den Meister.

~

Ohne Moos nix los – ökologisch wie finanziell.

~

Die Seiten eines Buches: Blätter, die diese Welt deuten.

~

Wer den Pferden nicht traut, muss aus eigener Kraft reiten.

~

Aphoristiker sind die Bonsaizüchter unter den Poeten.

~

Selbst wo der Pfeffer wächst, sprießt reichlich Unkraut.

~

Eher wird jemand vom Tod vergessen als vom Finanzamt.

~

Der Kardinal weiß: „My Dom is my Castle".

~

Oft lassen seltene Einblicke interessante Ausblicke zu.

~

Wer wegschaut, hilft bei der Konservierung von Missständen.

~

Ohne persönliche Abstriche funktioniert kein Kompromiss.

~

Man muss verlieren können, vor allem das Überflüssige!

~

Leicht wird ein Geldsegen zum schweren Fluch.

~

Die öffentliche Meinung – eine künstlich gezüchtete.

~

Nicht jede Wahrheit gibt dem Menschen neue Aktien.

~

Um als Heiliger zu gelten, ist C. nicht tot genug.

~

Wer Freiraum braucht, gehe ins leere Stadion.

~

Mit Godot erlangte das Warten Kultstatus.

~

Am Tag nach der Katastrophe sieht alles anders aus.

~

Vom Blitz Getroffene sind auch Betroffene.

~

Jeden Freitag gibt er sich in der Eckkneipe die Kante.

~

So lange er existiert, leistet sich der Eisberg eine Spitze.

~

Nicht alle, die zu viel wissen, haben studiert.

~

Dem einen reicht es nie und einem anderen schon lange.

~

Wer schlägt, der sündigt schwer.

~

Was ein Tattoo auszeichnet? Es geht unter die Haut!

~

Eine Entscheidung für's Leben vergisst man nicht über Nacht.

~

Jeder Tapetenwechsel beginnt mit der Fahrt zum Baumarkt.

~

Fleischstückchen, die keiner essen will, kommen in die Wurst.

~

Erinnern setzt ge-, er- und durchlebte Zeiträume voraus.

~

Der Mensch als Subjekt scheidet für jegliche Objektivität aus.

~

Normal ist lediglich, dass Wasser den Bach runtergeht.

~

Am Tag schwarzweiß reden und abends bunt fernsehen.

~

Zeitpolster sind Lebenslügen.

~

Nicht immer findet Erklärungen, wer in sich geht.

~

Der Einbrecher bricht auf zu neuen Einbrüchen.

~

Jeder Wurf trifft irgendetwas.

~

Es ist niemand zu alt, um älter zu werden.

~

Der Boden der Realität – unser aller Grundstück.

~

Wer alles glaubt, ist unfähig zu jeglicher Distanzierung.

~

Die Zeit wird diese Welt von den Menschen heilen.

~

Mit etwas Glück erstickt man am Glückskeks.

~

In der SM-Szene gilt: Wie man sich kettet, so liebt man.

~

An der besseren Hälfte erkennt man die Güte des Ganzen.

~

Man wird verraten und verkauft – manchmal sogar für dumm.

~

Jede Interessenvertretung beschneidet eine Mündigkeit.

~

Vergnügen ist „Glück" auf einen zeitlichen Punkt gebracht.

~

Meist gilt das Gute im Sinn doch nur dem eigenen Vorteil.

~

Man schob mich beiseite, nun bin ich verrückt.

~

Wer sich überall versucht, ist auf allen Baustellen bekannt.

~

Mit den Jahren greifen immer mehr zu Flasche oder Botox.

~

Im zweiten Frühling sehen die Krokusse anders aus.

~

Die Rente ist mäßig, kommt aber regelmäßig.

~

Jede Praxis fing mal klein an – als Theorie.

~

Dort, wo die Elemente toben, hat der Mensch nichts zu sagen.

~

Kaum ein Denkzettel, der heute nicht per SMS verschickt wird.

~

Jede private Wahrheit endet spätestens am Gartenzaun.

~

Lieber Leser! Gegrüßt seiest du (falls es dich gibt) …

~

Den Amtsschimmel vermag kein Pferdeflüsterer einzureiten.

~

Der Rückzug ist nicht die Bummelvariante des ICE.

~

Wer sich gut findet, weiß genau, wo er suchen muss.

Kaum ein Selbstdemonteur versteht etwas von Reversibilität.

~

Der Konsum von Bollywoodfilmen erfordert viel Sitzfleisch.

~

Grob ausschneiden kann jeder.

~

Furcht schwingt bei jedem Hoffen mit.

~

Wer Ökostrom ablehnt, kämpft gegen Windmühlen.

~

Dem Geld misstrauen kann eigentlich nur, wer keins besitzt.

~

Jeder muss dran glauben, auch wenn er es nie lernte.

~

Im Vorwort ist kein Platz für nekrologe Argumente.

~

Im Agnostiker steckt ein bisschen von allem.

~

Im Rückblick werden alle Taten groß.

~

Niemand kann ewig leben – keiner sollte lebenslang verharren.

~

Man streut Ideen aus und weiss nie, was man erntet.

~

„Schein oder Kleingeld", das ist hier die Frage!

~

Was soll ich mit Gold? Gebt mir lieber zu denken!

~

Am liebsten sind mir die Gitterstäbe des Grills.

~

Der Schnee von gestern – das war vor dem Entzug.

~

Alle Menschen werden gleich behandelt, aber einige sofort.

~

Nicht um jeden Preis, aber für Geld tun Menschen alles.

~

Es gab Zeiten, da war der Fortschritt ein Fortkriech.

~

Er spielt den Helden, obwohl ihm keiner die Rolle anbot.

~

Für das Ungeborene ist alles, was kommt, Karriere.

~

Nicht alle Besserverdiener verdienen es, besser zu verdienen.

~

Auch wer keine Entscheidung trifft, hat sich entschieden.

~

Manch einer ist reich an Dingen, die er gar nicht braucht.

~

Wer Lärm macht, der will irgendwas vertuschen.

~

Ich rief ihn nicht, du auch nicht – wer hat den Mann berufen?

~

Wer den Göttern Namen gab, der erfand sie auch.

~

Mit Herzblut ehrenamtlich Tätige kennen keine Selbstsucht.

~

Burn out: zu Deutsch „Birne aus!"

~

Die Helden von morgen werden gerade erst gebacken.

~

Einige Menschen haben schon vor ihrer Geburt verspielt.

~

Man kann nicht alles verstehen, aber vieles tolerieren.

~

In Gedanken rettete ich schon mehrfach die Welt.

~

Wer alles tun kann, muss sich dennoch entscheiden.

~

Wer sich zu ehrlich verhält, kommt unter die eigenen Räder.

~

Ohne Brille bin ich so gut wie taub.

~

Man kann Nackte bekleiden oder begleiten.

~

Aus der 1002. Nacht liegen uns keinerlei Informationen vor.

~

Der Zweck heiligt die Mittel: Daran glauben auch die Atheisten.

~

Das reinste Wasser schöpft man an der Quelle.

~

Den Geldbeutel zu zücken – das ist die Pflicht des Mannes.

~

Dem Ehrenmann liegen die Schuldner zu Füßen.

~

Selten, dass eine Frau nichts zu sagen hat.

~

Ehrbar sind alle, denen nichts nachzuweisen ist.

~

Mobilisiere alle Kräfte und sei dein eigener Therapeut!

~

Dem Bösen mangelt es nie an Nachschub.

~

Kabarettist L. ist tot! Kein Witz!

~

Wer in den Spiegel schaut, muss mit allem rechnen.

~

Kichern ist armseliges Lachen.

~

Eine Quellenangabe sagt nichts zu den Ursprüngen.

~

Beim zweiten Mal arbeitet man bereits mit Erfahrungswerten.

~

Ihm standen alle Türen offen, doch entwich er durchs Fenster.

~

„Nutze die Chance!" heißt eben nicht: „Töte deine Mitbewerber!"

~

Die besten Chancen erkennt man als solche im Rückblick.

~

Glaubhaft vorgespielte Verlegenheit gehört zum Geschäft.

~

Politik ist immer Anmaßung.

~

Wer nicht lernen will, mag nicht verstehen.

~

Auch in einem Armengrab liegen Gebeine.

~

Zweifle an Anderer Wissen und Gewissen.

~

Nur was übrig bleibt, kann uns überdauern.

~

Manch Spielerfrau sieht aus, als habe sie den Ball verschluckt.

~

Alles hat seinen Preis, sogar das Streben nach Geld.

~

Spätestens nach der dritten Flasche sind alle einer Meinung.

~

Der lachende Dritte setzt kein weinendes Duo voraus.

~

Den Standpunkt eines Rauchers kann man leicht wiederfinden.

~

Das Hanghuhn bewegt sich lebenslang auf schiefer Bahn.

~

Wer hinterfragt, macht sich höchst verdächtig.

~

Auch der hartnäckigste Gast geht mit der Zeit.

~

Illusion (die):
ein überdimensionierter Traum.

~

Der Glaube an eine bessere Welt ist zeitlos.

~

Gott entzieht sich jeder Haftung.

~

Zukunft ist die Dividende aller heutigen Leistungen.

~

Zwischen gestern und morgen tut man selten das Richtige.

~

Die einen stellen sich dumm, die anderen haben das nicht nötig.

~

Wer sich von der Heimat abwendet, wirft seine Kindheit weg.

~

Alle rufen nach Freiheit, aber keiner hat ein Konzept.

~

Am Ziel aller Wünsche wird es Zeit, zu sterben.

~

Platonische Liebe ist nichts für Geistlose.

~

Das Loch im Regenschirm bleibt den Tropfen nicht verborgen.

~

Nackte Wahrheit widersteht jeder Kosmetik.

~

Ein Wald ist mehr als die Summe aller Bäumen.

~

Der Papst ist gegen Verhütung, da er keine braucht.

~

Lieber im Strafraum liegen, als im Knast sitzen.

~

Wenn viele das Gleiche tun, folgen sie einer Mode.

~

Chronische Ratlosigkeit kann lebenslang andauern.

~

Am liebsten springe ich im Dunkeln über meinen Schatten.

~

Die Lebensversicherung prämiert das Ableben.

~

In der Erinnerung erscheint vieles Ehemalige paradiesisch.

~

In Berlin stehen die Mauerblümchen auf der Roten Liste.

~

Der Mensch muss sterben, um Engel zu werden.

~

Scheidungstermin (der):
Tag der Befreiung.

~

Die Kontaktlinse geht ins Auge – perfekt.

~

Erst kommt der Spaß, dann die Ernüchterung.

~

Frage nie, nur damit Zeit vergeht.

~

Der Sieger hat die Nase vorn, andere Leute auch.

~

Der Andersdenkende – ein Andersirrender.

~

Aus kleinen Lügen formt man große Lehren.

~

Unterscheide Luxus von übertriebener Notwendigkeit.

~

Mögen auch die Sitten verfallen – wir können gut damit leben!

~

Geld ist nicht alles, was zählt, aber ohne Geld zählt fast nichts.

~

Der Zahnarzt praktiziert Wurzelziehen ohne Taschenrechner.

~

„Ich bin ein Berliner und das ist mein Pariser!"

~

Der Klügere gibt auf, weil der Dümmere nichts zugibt.

~

Im Bett entstehen und sterben die meisten Menschen.

~

Wenn Sport gleich Mord, was ist dann Gier nach Geld?

~

Wehret dem Anfingern.

~

Wer Geld leiht, verkauft seine Seele.

~

Menschliches Versagen schließt nicht Getanes ein.

~

Zwischen dem Gedanken und der Tat steht das Misstrauen.

~

Verharren in Zufriedenheit bedeutet Tod des Fortschritts.

~

Man lernt aus Fehlern, ohne je zur Perfektion zu gelangen.

~

Springen ist out, heute denkt man sich über seinen Schatten.

~

Gemessen an ihrem Tun, sind einige bereits tot.

~

Von wegen Fremdgehen! Es war eine gute Bekannte.

~

Edler Käse hat seinen Preis, jedes Loch kostet extra.

~

Manch scheinbar Wissender jongliert mit Illusionen.

~

Die Zukunft wartet nicht auf die Inventur des Gestern.

~

Nicht alle, die im Kreis springen, ahmen Rumpelstilzchen nach.

~

Den Wirkungsgrad guter Vorsätze hinterfragt niemand!

~

Keine Schatzsuche ohne genau definiertes Beuteschema.

~

Die Anziehungskraft der Frauen: erotische Gravitation.

~

Der Fortschritt ersetzt jedes Übel durch ein völlig anderes.

~

Mit Hilfe gesponserter Lotion wäscht eine Hand die andere.

~

Mit Einsilbigkeit kommt man als Aphoristiker nicht weit.

~

Der laienhaft ausgeführte Trick 17 endet als 08/15.

~

Geld besitzt kein Gewissen und kann sich auch nicht schämen.

~

Auf dem Papier nimmt die Toleranz den größten Raum ein.

~

Unmöglich, dieser Mensch, und dennoch real.

~

Tiere und Kinder täuschst du nicht.

~

Oft wählt jemand einen Weg, den vorher niemand anlegte.

~

Der Droge Geld widerstehen Säuglinge und Tote.

~

Ich kenne einen, der glaubt, sich auszukennen.

~

Wer an nichts glaubt, ist weltanschaulich tot.

~

Angst macht den Umgang mit Problemen gefährlich.

~

Nicht jeder Querdenker orientiert sich an der Diagonale.

~

Ein Leben ohne Denken? Undenkbar!

~

Am Anfang war das Wort unter Einsparung des Vorwortes.

~

Alle Menschen sind gleich!
(Rechts vor links gilt hier nicht!)

~

„Teil der Welt" ist immer ein ganzer Mensch.

~

Wer allen bekannt, ist prominent, mehr nicht.

~

Wer seine Plateauphase überschritt, ist übern Berg.

~

Es hat seine eigene Flüchtlingskrise, wem die Frau davon lief.

~

Wer noch nie von 08/15 hörte, wird fragen: „Mal oder plus?"

~

Der Hans-guck-in-die-Luft erforscht nicht das Ozonloch.

~

———

Der Schein, das geißelnde Mittel …

~

Besser als der Friseur vermag nur der Statistiker zu frisieren.

~

Der Gang zur Kneipe erweist sich als Fahrt ins Blaue.

~

Der Kluge gibt nach, da hat der Dumme noch gar nichts gesagt.

~

Bescheiden zu leben bedeutet nicht, anspruchslos zu vegetieren.

~

Des Volkes Wille? Ein Etikett!

~

Keine Grünphase wird durch Rotverschiebung zur Blaupause.

~

Was der Mensch hinnimmt, führt ihn ins Ungewisse.

~

Die Krönung des Weltregenten wäre der Anfang vom Ende.

~

Eine Stromsperre beendet manch lichten Moment!

~

Wer an das Gute glaubt, kann lange warten.

~

Alles im Blick und doch den Überblick verloren.

~

Krach schallt durch die kleinste Hütte.

~

Glaubst du an Gott oder an das Geld?

~

Im Rückblick relativiert jeder Mensch.

~

Politik lässt sich nur ändern oder erdulden.

~

Die menschliche Gier: ein Schwarzes Loch mit Bewusstsein.

~

Der Mensch wird immer fragen: „Was ist hinter dieser Mauer?"

~

Mit dem Schulkollegen stirbt ein Stück der eigenen Kindheit.

~

Verlaufen – das geringste aller Vergehen.

~

Leise rieselt die Evolution.

~

Selbst einhundert werdend, bleibt man das Geburtstagskind.

~

Propaganda verbindet sich stets mit Arroganz.

~

„Aus die Maus!" gilt auch für Menschen!

~

Gott kann ich nicht sein, denn dann plagte mich keine Arthrose.

~

Irgendwann gibt jeder Veganer seinem letzten Salat die Ölung.

~

Die noch ohne Bier im Festzelt Sitzenden ärgern sich maßlos.

~

Egoismus nennt man das Ausleben selbst initiierter Autismen.

~

Ein Quinkunx erinnert stark an das Hakenkreuz.

~

Die Pflicht lässt für Rechte wenig Spielraum.

~

Achtung vor dem Selbst beginnt mit Denken.

~

Als Bonsai bleibt der alte Baum erziehbar.

~

Vom Neuanfang können nur Überlebende sprechen.

~

Manch Versprechen war nur ein Versprecher.

~

Öffne deinen Geldbeutel und lass das Freibier raus.

~

Sattelfest im Amt, vergessen viele ihre einstigen Wegbereiter.

~

Ein schlechter Vater taugt nicht zum guten Onkel.

~

Auf ein Loch muss man nicht aufpassen – das klaut keiner.

~

Reden kann jeder, Argumentieren ist eine Gabe.

~

Gewaltenteilung (die):
Der eine schlägt zu, der andere zurück.

~

Am schönsten sieht die Revolution auf dem Papier aus.

~

Man lebt sein Leben unter Kultivierung einer Einstellung.

~

Egoismus gipfelt in der Überlegung: „Bin ich allein im All?"

~

Mietnomaden wohnen nestbeschmutzend.

~

Am Zweifel soll der Mensch nicht sterben.

~

Schuld entsteht durch Tat oder Unterlassung.

~

Zeit ist die aktivste Sterbehilfe.

~

Bauer (der):
der größte aller Feldherren.

~

Betrüge nicht mit Lückenfüllern dich und die Welt.

~

Das Gegenteil von leeren Sprüchen:
Aussagen mit Gehalt.

~

Gottlob, endlich holte ihn der Teufel!

~

Das Schweigen brachte mir bisher kein Gold ein.

~

Die Nachbarn brüllen sich an und nennen es Streitkultur.

~

Wenn Helden agieren, sind Zuschauer nicht weit weg.

~

Ihm wurde ein Traum erfüllt und damit zugleich genommen.

~

Wer Geld für seine Argumente verlangt, ist ein Scharlatan.

~

Wer mein Schreiben nicht stört, der lässt mich leben.

~

Sie wissen, was sie tun, aber nicht, was sie anrichten.

~

Entweder zeigt man Rückgrat oder kringelt sich wie ein Wurm.

~

Die Statistiken gaukeln uns vor, es gäbe goldene Mittelwege.

~

Die Selbstkritik steigert niemand bis zur Selbstzerfleischung.

~

Wie oft rettet das, was unterm Strich bleibt, nur die Situation.

~

Im Schlaf wird so mancher Traum wahr.

~

Es gibt auch Einfältige mit glatter Haut.

~

Die Konsumgesellschaft wurde nicht für Asketen geschaffen.

~

Ohne Anzüglichkeiten stünden wir alle nackt da.

~

Die eigene Käuflichkeit macht den Menschen zur Ware.

~

Jeder Weg führt den Menschen bis zur nächsten Kreuzung.

~

Man jubelt scheinbar frei und doch in jemandes Sinne.

~

Die wenigsten Faulen tun gar nichts.

~

Die nächste Generation definiert die guten alten Zeiten neu.

~

Wie oft hat man Zeit, jedoch kein Konzept.

~

Alles Plötzliche drängt als Blitzschlag in den Alltag.

~

Selbst als perfekt geneigte Ebene nützt die Schieflage nichts.

~

Wer in die Politik geht, macht Überzeugung zum Beruf.

~

Rede so, dass alle spüren: „Der hat vorher nachgedacht!"

~

Kämpfe um das Glück, das zu deiner Gesinnung passt.

~

Heilig gesprochen wird nur, wer selig ruht.

~

Einer rudert und die anderen treiben Schabernack.

~

Manch Glück hält man für unbequeme Pflicht.

~

Der Tod schreckt keinen der Verblichenen.

~

Wer glauben will, muss hoffen können.

~

Quickie-to-go (der):
die ganz schnelle Variante.

~

Nicht alle absurde Ideen führen zu absurden Taten.

~

Mit gelebtem Hass verdaut man Stück für Stück das Selbst.

~

Die gespaltene Persönlichkeit ist nie allein.

~

Der Ängstliche verpasst die Zukunft.

~

Nur mit Menschen kann man über Menschen sprechen.

~

Kein Gott trägt Schuld, wenn Menschen Götter formen.

~

Die meisten Fehler begeht man im Alleingang.

~

Die einen sagen so, die anderen verstehen so.

~

Die Uhr geleitet den Menschen durch die Zeit.

~

Man möchte seine Ruhe haben – davor, danach, immer.

~

Man ist als Vater ein anderer als im Ehrenamt.

~

Halt fest am Leben, bis zum letzten Atemzug.

~

Das Selbstgespräch fiel aus; er war abwesend.

~

Bei jeder Übersetzung entstehen neue Werke.

~

Wäre ich du, dann träfe mich die Schuld.

~

Der Tod ist individuell und zugleich statisch.

~

Wirkungsgrad ungleich Nutzungsgrad.

~

Humorlos sollte man erst nach dem Ableben sein.

~

Stift und Stempel: der verlängerte Arm von Schreibtischtätern.

~

Des Menschen Umgang mit Substanz zeigt seinen Geist an.

~

Nicht jeder, der Papier verlangt, will etwas aufschreiben.

~

Wer nicht sich selbst verkörpert, wessen Leben verbringt er?

~

Alle Fehltritte gehen primär vom Kopf aus.

~

Über die Problemzone Gehirn wird viel zu selten nachgedacht.

~

„Ich bin's nur!", wobei die Betonung auf dem „nur" liegt.

~

Vielen Situation kann man sich auch sitzend stellen.

~

Erinnerung (die):
Rückbesinnung auf das so nicht Gewesene.

~

Die Welt will leben, und das schließt uns alle ein.

~

Die Verbreitung gibt der Lüge Substanz und damit Leben.

~

Lasst mich leben, lasst mich lieben, lasst mich irren.

~

Es stieg vom hohen Ross ein Esel …

~

Sieh die Welt mit Augen, die bereit sind, die Seele zu befragen.

~

Wer sein Wissen mitteilt, verrät automatisch Unwissen.

~

———

Der Schnee von gestern – ein letzter Wintergruß.

~

Wer mit der Vergangenheit hadert, wird nicht aus ihr lernen.

~

Vor dem Gesetz sind einige Menschen gleich.

~

Alles scheint stimmig, wenn das Geld stimmt.

~

In der Erinnerung entwickelt der Urlaub neue Facetten.

~

Alles hat seinen Preis, über den Gewinn redet niemand.

~

Mitläufer werden als Mittäter missbraucht.

~

Gesundheit ist nicht kreditierbar.

~

Das meiste an menschlicher Größe ist eingebildet.

~

Was nicht den Nerv trifft, geht auf selbigen.

~

Nur weil sich eine Zahl ändert, spricht man vom neuen Jahr.

~

Recht zu bekommen, ist nicht billig.

~

Gewissen (das):
Kenntnis, gebettet in Emotion.

~

Mit Nachtragen und Vorhalten kennen sich die Menschen aus.

~

———

Wenn meine Frau einkauft, bin ich der Nachtragende.

~

Praktizierter Humanismus zeigt eine große Seele an.

~

Ich glaube nicht, dass Seele gleich Gewissen ist.

~

Die Leistung einer Legende wächst in der Erinnerung der Fans.

~

Wer Wahrheiten erkennen will, muss Lügen durchschauen.

~

Auf Regen folgt Sonne oder das große Aufräumen.

~

In der Gerüchteküche bereiten sie nun auch vegan zu.

~

Horoskope gibt es genug – vertraue dem Text, der dir zusagt.

~

Sagt die Maus zum Elefanten: „Gehen wir zu mir oder zu dir?"

~

Jeder Kredit bestiehlt die Zukunft.

~

Jedes Idealbild ist nicht mehr als eine Ikone.

~

Bereits heute fischen die Fangflotten zumeist im Trüben.

~

Ist es hier dunkel oder schmutzig?

~

Unmögliches kann niemand tun, doch herzlich gern verlangen.

~

Am Zweifel darf man nicht verzweifeln.

~

Der Abwesende ist immer der Böse.

~

Bestechung – das sollten nur Bienen und Wespen tun.

~

Unser aller Lieblingsgericht ist doch das eigene Süppchen.

~

Keine Erfüllung reicht zu einhundert Prozent an den Wunsch heran.

~

Lächelt der Krämer, läuft das Geschäft.

~

Heimatlos ist, wer sich ausschließlich existierend bewegt.

~

Lebe hoffend.

~

Auch ein kluger Kopf begeht die Fehler seiner Zeit.

~

Zu Geld bringt es nur, wem die Tugend nicht im Wege steht.

~

Die Überlebenskünstler der Wüste gelten hier als Exoten.

Randfiguren haben Vorfahrt in eine eigene Richtung.

~

Aller Anfang geschieht selten vor dem zweiten Frühstück.

~

Stirbt jemand jung, fällt die Trauerrede dennoch nicht kurz aus.

~

Die Globalisierer träumen schon vom Universellen.

~

Hinter scheinbarer Liebe steckt oft Besessenheit nach Geld.

~

———

Selbst des Guten zu viel vermag nicht jeden zu sättigen.

~

Der weniger Clevere bleibt als der Dumme zurück.

~

Die Medien vergewaltigen täglich unseren Geist.

~

Wir alle sind Menschen! Wir alle sind das Volk!

~

Was soll ich mit Spielzeug? Ich brauche Werkzeug!

~

Gewillt, seine Feinde zu lieben, lief er ins offene Messer.

~

Ihre Dummheit mit Echtheitszertifikat tragen einige mit Stolz.

~

Was früher die Wanderprediger, sind heute die Vertreter.

~

Wir nehmen alles bar und mit Humor.

~

Nicht nur der Morgen graut, mir graut es auch.

~

Tragweite = Radius einer Wirkung.

~

An Pilzvergiftung sterben: durch Unkenntnis umkommen.

~

Die Kernaussage der verrücktesten Idee kann die Welt retten.

~

Kein Buch kommt ohne nichtssagende Sequenzen aus.

~

Nicht wenige denken, Buch und Staub gehören zusammen.

~

Wer dem Geld hinterherjagt, bleibt lebenslang Sklave.

~

Andersdenkend – klingt ungerechtfertigt, wie ... aussätzig!

~

Das ewige Leben hält genug Schnaps für alle bereit.

~

Der erste Schnee zu Anfang des Oktobers gehört zum Herbst.

~

Wenn sich die Reihen lichten, liegt's nicht an den Photonen.

~

Die guten Sitten eines Eremiten liegen im Dunkel.

~

Man lobt nicht, damit Zeit vergeht.

~

Wozu Romane schreiben, wenn wenige Zeilen alles sagen.

~

Die Menschheit glaubt sich mit dem Geld verheiratet.

~

Aktiv Schüchterne sind höchst raffiniert.

~

Die Zukunft existiert, mehr ist über sie nicht bekannt.

~

„Frei nach Goethe" – ungleich frei von Goethe.

~

Ich sehe nur Unkraut und wollte doch das Gras wachsen hören.

~

Er heiratete Miss Thüringen – ein Miss-Griff.

~

Der Wohlstand erwürgt die natürliche Kreativität des Volkes.

~

Zeitmangel erklärt nicht das Aussparen von Selbstkritik.

~

Manch legendärer Humanist galt als großer Fleischverzehrer.

~

Ein Apfel fiel nicht weit von Newton – den Rest kennen wir.

~

In keiner Verlagsanstalt drucken Häftlinge Bücher.

~

Jedes aufgegebene „Ich" geht für immer verloren.

~

Wer um seine Fehler weiß, kennt die eigenen Grenzen genau.

~

Der Mann einer Vier-Zentner-Frau muss sich durchringen.

~

Manch frommer Asket tut eigentlich gar nichts.

~

Romane, Handschellen und Seile wirken fesselnd.

~

Beim Jüngsten Gericht handelt es sich garantiert um Fastfood.

~

Die Fortentwicklung kann durchaus auch hier geschehen.

~

Von der Zeit, die uns bleibt, verflüchtigt sich täglich ein Lot.

~

Preisgegeben wird oft unter Dumpingbedingungen.

~

Beleidigungen lassen mich kalt statt betroffen zurück.

~

Geschiedene sind lediglich ehemals Verheiratete.

~

Wer ein Vorurteil ausspricht, der vorverurteilt.

~

Der Pilz in der Suppe kann das Leben kosten.

~

Der unsterbliche Mensch brächte jede Statistik zu Fall.

~

Bankkonto (das):
eine Exklave des Menschen.

~

Andern beim Schaffen zuzuschauen, ist keine schwere Arbeit.

~

Alles Wasser hat es eilig beim Streben in Richtung Meer.

~

Wird der Ton härter, liegt es vielleicht am Brennofen.

~

Gottes Mühlen vermahlen unser aller Zeit.

~

Glauben, Hoffen, Wissen – all das sind Ganztagsjobs.

~

„Schluss" heißt Feierabend, das Ende ist etwas anderes.

~

Wenn alle Stricke reißen, bleibt nur das Erschießen übrig.

~

Snooker, Bowling, Fußball – anstößige Sportarten.

~

Gern würden wir verreisen, doch nicht zu diesen Preisen.

~

„Er kam zur Einsicht!" – Vorsicht! Das ist Ansichtssache!

~

Der eine ist beweglich und ein anderer sehr rege.

~

Auch ein geschenkter Gaul verursacht Tierarztkosten.

~

Wer sich an der Flasche festhält, findet keinen Halt.

~

Jeder hat sein persönliches Märchenbuch im Kopf.

~

Ohne intensive Suche keine Selbstfindung.

~

Wer sich für außergewöhnlich hält, ist einmalig dumm.

~

Zeitungen (die):
Und ewig rauscht der Blätterwald …

~

Keine Revolution kommt ohne Statisten aus.

~

Prometheus (der):
Gott aller Grillfanatiker.

~

Eine private Ansicht ist Ansichtssache.

~

Das ist nicht wahr, nicht wahr?

~

Auf den beständigen Zustrom von Spam ist immer Verlass.

~

Der Zeitgeist ist nicht weniger relativ als die Zeit selbst.

~

Wer Selbstgespräche führt, der redet sich was ein.

~

Mit allen Wassern gewaschen, aber ganz ohne Seife.

~

Aphorismen gut, Buch gut, Alltag leider unberührt.

~

Am Glück kann es nicht liegen, wenn einen das Pech verfolgt.

~

Manch Luftschloss scheint aus Smog erbaut.

~

Nicht nur Spieler und Zocker gaukeln anderen etwas vor.

~

Es liegt was in der Luft, und sei es auch nur Smog.

~

Menschen mit Rückgrad sind die intelligenteren Wirbeltiere.

~

Einbrecher stehen fremden Werten aufgeschlossen gegenüber.

~

Die Macht des Wissens erkennt nicht jeder als solche an.

~

Selig sind die, welche glauben zu wissen.

~

Oh, edler Tropfen, spend' uns Trost – Prost.

~

Es gibt Verrückte, Versager und beliebige Durchmischungen.

~

Nicht alles Einleuchtende leuchtet uns heim.

~

Alles fließt, während die Zeit läuft.

~

Ich gebe nicht auf, aber auch nichts zu.

~

Gewisse Schlagworte provozieren eine Schlägerei.

~

Vorrangig leben Journalisten von gefundenem Fressen.

~

Geheiligte Mittel werden nichts bezwecken.

~

Gerücht und Verschwiegenheit schließen einander aus.

~

Einige Menschen sind nicht glaubwürdiger als das Wetter.

~

Jeder will haben, aber wer versteht es zu nutzen?

~

Jedes Großmaul argumentiert mit kleinen Argumenten.

~

Überlebe deine Feinde liebend!

~

Bewusst zu handeln, das vermag auch der Hinterlistige!

~

Lass das Reden und argumentiere!

~

Schwingen Ängste mit, wankt alles.

~

Früchte mit Stil leisten sich einen eleganten Stiel.

~

Manch Füllhorn möchte man weder voll noch leer besitzen.

~

Die Wege der Säufer führen allesamt nicht nach Rom.

~

Das mühelos erlangte Glück taugt nichts.

~

———

Lachfalten stehen Menschen jeden Alters gut.

~

Kein Singlehaushalt ohne krabbelnde Mitbewohner.

~

Ob Wähler oder Nichtwähler – keiner hat eine Wahl.

~

Mit dem Ernst des Lebens treibt man keine Späße.

~

Nicht denken zu wollen, ist ein schweres Versäumnis.

~

Der Unverschämte schämt sich seines Tuns nicht.

~

Einigen ist die Kenntnis schlechter Witze Wissen genug.

~

Spielende Erwachsene vergessen schnell, worum es wirklich geht.

~

Die am Vakuum Forschenden greifen permanent ins Leere.

~

Weit zählebiger als Menschen erweisen sich Legenden.

~

Zwei unterschiedliche Hälften ergeben kein Ganzes.

~

Wer nie anfängt, tätig zu werden, erspart sich viel Arbeit.

~

Die Erinnerung rekristallisiert subjektiv wertvolle Zeitsplitter.

~

Manch Schwätzer holt nur dreimal am Tag Luft.

~

Standpunkte sind keine Fixpunkte auf ewig.

~

Oft kann sich der Arrogante auf nichts Substanzielles berufen.

~

Kriecher und Schleimer gehören zu den Turboschnecken.

~

Als Zukunft dürfen wir kein Billigprodukt akzeptieren.

~

Ist der Markt leer, fällt jede Askese leicht.

~

Vergiss den Letzten! Liebe den Nächsten!

~

Es hat nichts zu verbergen, wer Peinlichstes öffentlich auslebt.

~

Das schlechte Gewissen gelangt niemals auf die Rote Liste.

~

Das Gewesene pflegt zu verwesen, ebenso das Vergessene.

~

Eine schwere Aufgabe darf man nicht leichtfertig aufgeben.

~

Nachhilfe offenbart nicht selten chronische Unfähigkeit.

~

Die letzte Reise treten wir ohne Koffer an.

~

Lange vor Lilienthal lernte die Phantasie fliegen.

~

Gefängnis (das):
eine typische Zeitfalle.

~

Selbst Fielmann verschafft nicht jedem Menschen Durchblick.

~

Nur Sieger oder Tote werden auf Schultern getragen.

~

Das faul sein sollte man sich für die Zeit im Sarg aufheben.

~

Die Größten der Großen wurden nie exakt vermessen.

~

Keiner weiß alles, doch einige reden überall mit.

~

Um 8 Uhr hat die Eintagsfliege noch ihr Leben vor sich.

~

An unlösbaren Problemen lassen sich Strategien testen.

~

Ein wahres Ich schließt das du automatisch mit ein.

~

Vom Heuchler existieren vielgestaltige Phantombilder.

Der letzte Mensch zeigt sich nicht einsichtig. Wem auch?

~

Anleitungen zum Handeln zwingen auf eine ausgetretene Bahn.

~

Als zu faul, sich selbst zu retten, erwies sich noch keiner.

~

Mit einem Aufruf an die Zeitgenossen stellt man sich vorn an.

~

Zu allem ist er fähig, aber nicht zum Nutzen der Mitmenschen.

~

Dummheit mit Raffinesse verknüpft, setzt Intelligenz voraus.

~

Wer andern hilft, stärkt die eigene Seele.

~

Ist es Liebe, wenn ein Ehepaar gemeinsam zur Flasche greift?

~

Er ist nicht krank, bloß verheiratet.

~

Wer ein Geheimnis mit ins Grab nahm, starb als Egoist.

~

Die Notwendigkeit entscheidet, was wesentlich ist.

~

In Sachen Geld sind aller guten Dinge, so viel wie nur möglich.

~

Geflügelte Worte starten bei jedem Wetter.

~

Nicht mehr, sondern wirkungsvoller tun.

~

Wer zu sich selbst nicht findet, findet auch sonst zu niemandem.

~

Viele Menschen leben aus, was sie nicht sind.

~

Freibier bringt Wählerstimmen.

~

So lange Menschen existieren, werden sie denken und zitieren.

~

Schlüsselgewalt erlangt man im Notfall auch mit Dietrich.

~

Bis zum letzten Dienst hatten die Stasileute ein offenes Ohr.

~

Geliebte (die):
eine Frau mit Sonderstatus.

~

Die Wegwerfgesellschaft selektiert auch Menschen.

~

Ich bin auf alles vorbereitet, vorrangig auf das Schlimmste.

~

Geschiedene sind frei – für den nächsten Irrtum.

~

Wenn es um das große Geld geht, heiraten die Leute sogar.

~

Das Schlimme ist: Es gibt auch schöne Ungeheuer.

~

Geiz beginnt dort, wo das Sparen aufhört erklärbar zu sein.

~

Mächtigere Feldherren als die Bauern gibt es nicht.

~

Nur durch einen langen Kuss brachte er sie zum Schweigen.

~

Gerechtigkeit wird jedem zuteil, so weit sein Geld reicht.

~

Genieße mäßig, aber nicht nur das Mittelmäßige.

~

Grau ist alle Theorie, farbig schillert selten der Alltag.

~

Ohne Hoffnung lohnt keinerlei Beginnen.

~

Das gelöste Rätsel macht sofort einem anderen Rätsel Platz.

~

Der Winzer kennt keine hochhängenden Trauben.

~

Wer keine Fragen stellt, ermordet für Geld auch Kinder.

~

Ich behaupte, dass die Mafia effektiver arbeitet als die Polizei.

~

Im Irrtum liegt der Kern des Menschlichen.

~

Jung waren wir vor 30 Jahren, jetzt fühlen wir uns jünger.

~

Tränen stehen im Dienste weiblicher Diplomatie.

~

Grabräuber suchen nicht nach Resten einer Seele.

~

Die Waffen müssen schweigen, nicht die Menschen.

~

Dünne Handlung – dickes Ende.

~

Kein Nichtsnutz verkauft sich unter seinem Scheinwert.

~

Spätestens am dritten Revolutionstag ist das Chaos perfekt.

~

Wer mich versteht, muss nicht zwingend mein Freund sein.

~

Die einen wissen nichts und die anderen merken nichts.

~

Die heute lahmen Alten waren früher junge Wilde.

~

Wer dicke Frauen herzen mag, kennt keine „kritische Masse".

~

Noch ist die Wahrheit nicht der Tummelplatz aller Menschen.

~

Zuweilen haben Menschen nur die Blutgruppe gemeinsam.

~

Wer sein eigener Gott ist, spart sich das Beten.

~

Was mir gestohlen bleiben kann, nimmt mir keiner weg.

~

Ätsch – ich bin dümmer als du!

~

Wer viele Wahrheiten kennt, trägt eine schwere Hypothek.

~

Alle Theorie erweist sich als zähes Leder.

~

Nicht alle leichten Mädchen leiden unter Bulimie.

~

Kopflosigkeit sieht man niemanden an.

~

Sterbend akzeptiert der Mensch den Sieg der Unendlichkeit.

~

Aufgeklärt wurde früher, heute wird eher vertuscht.

~

Oft erweisen sich Gedanken als frei – von jeglicher Logik.

~

Am Ende des Karnevals erfolgt der Harmlosen Demaskierung.

~

Die Welt geht geordnet dem Wahnsinn entgegen.

~

Nach dem Chaos ist vor dem Chaos.

~

Nicht nur bei Falschgeld trügt der Schein.

~

Wo die Kunst des Arztes endet, beginnt die des Bestatters.

~

Die Sorgen um die Zukunft der Zukunft sind berechtigt.

~

An jeder Wahrheit fehlt stets ein Quäntchen zum Absoluten.

~

Deutsche Selbstkritik – das pure Eichenlob.

~

Soll ich nun rechtzeitig *hier* sein oder *da* sein?

~

Der unterlegene Boxer verlässt den Ring blauäugig.

~

Die Vergangenheit wird man in keiner Gegenwart los.

~

Holzeinschlag ist notwendig, Kahlschlag nicht.

~

Auswegslos – die Einbahnstraße, welche zugleich Sackgasse ist.

~

Selbst in besseren Kreisen versagt gelegentlich der Zirkel.

~

Der Deutsche fährt gern Auto: Es ist sein Steuerparadies.

~

In den Sonnenaufgang verliebt sich jeder Mensch.

~

Religion ist, was man daraus macht.

~

Leicht gesagt: „Nimm's nicht so schwer!"

~

Auf seine Rechte pochen – ein typischer Arbeitsunfall.

~

Unglaublich! Der Physikerkongress lief reibungslos ab.

~

Die Zeit verstreicht und doch kommt immer wieder neue.

~

Des Teufels Großmutter kennt alle Geheimnisse dieser Welt.

~

Verrückte sind Normale ohne Schauspieltalent.

~

Dabei sein ist alles, Mitmachen der Idealzustand.

~

„Give me five, du Pfeife!"

~

Wer sehr alt werden will, muss – ähnlich den Schönen – leiden.

~

Eine unbequeme Frage, und man gilt fortan als Unruhestifter.

~

Was uns zu Herzen geht, schlägt meist auf den Magen.

~

Die Geister müssen weiblich sein, denn sie sind neugierig.

~

Bei den Junggebliebenen kommt es auf zehn Jahre nicht an.

~

Wer sich äußert, trägt sein Innerstes nach außen.

~

Den Kern jeder Seele bildet das Lebensmotto.

~

Verschweige kein Argument und blähe nichts zum Drama auf.

~

Nicht immer ist das Preiswerte sein Geld wert.

~

Auch am Computer sitzend, kann man zu weit gehen.

~

Wer die Zeit fürchtet, scheut sich, intensiv zu leben.

~

Man kommt doch lieber zu Geld als zur Einsicht.

~

Gib den Tag nicht auf, nur weil es am Morgen regnet.

~

TV-Wahlwerbung ist auch ein Stückchen Fernsehprogramm.

~

Zweifel sind fest im Geiste verankerte Vorbehalte.

~

Es findet nur Pilze, wer vom Weg abkommt.

~

Schönheit als solche existiert nicht – sie wird definiert.

~

Für den frauenfeindlichsten Mann verkörpert Mutti eine Göttin.

~

Die Ewigkeit steckt in uns allen.

~

Ein Zeitpolster sieh niemals als Ruhekissen!

~

Pessimist (der):
Optimist, der endgültig alle Geduld verloren hat.

~

Das Jammern über vergeudete Zeit ist vergeudete Zeit.

~

Am Anfang war das Wort, alles endet mit dem Schlusswort.

~

Epigonen gelten als Hochadel der Plagiatoren.

~

Niemand ist zu gut für diese Welt.

~

Außer der Zeit kenne ich keinen einzigen Selbstläufer.

~

Ein Vorwort beginne nie mit der Beschreibung des Urknalls.

~

Das angenehme Bauchgefühl behalte im Hinterkopf.

~

Wird die Sau rausgelassen, ist der Schlachter nicht weit.

~

Politik (die):
legaler Kriminalität gleichend.

~

Wer ist schon einzigartig perfekt?

~

Man kann es Alltag nennen oder Heimatfront.

~

SMS (die, früher):
Nachrichten per Flaschenpost.

~

Das einzigartige Echo machte das Jammertal weltbekannt.

~

Auf dem Hochzeitsfoto, da lächeln sie noch …

~

Mode (die):
nicht mehr als ein Zwischenschritt.

~

———

Gekaufte Freunde erweisen sich als inflationär.

~

Eines Tages spricht Gott: „Es werde nichts!“

~

Rentier (der):
ein cleverer Mensch ohne Geweih.

~

Perversion ist das Quadrat von Hunger.

~

Anti-Virus-Programm (das):
ein virtuelles Kondom.

~

Wer nie eine Dummheit begeht, ist blöd.

~

Wer rastet, setzt Patina an.

~

Das Ausleben einer Peinlichkeit macht Menschen prominent.

~

Das Lustspiel „Leben“ endet mit einem Trauerakt.

~

Manch Gewissen besteht vollständig aus Geld.

~

Berühren (das):
die kulturvolle Form des Antatschens.

~

Wäre der Ball eckig, hieße er Fußwürfel.

~

Bedenken (das):
die juvenile Form von Angst.

~

Wichtigtuer sind in keiner Situation wichtige Handlungsträger.

~

Der Pessimist hört „Zukunft" und denkt an den Tod.

~

Der Narr redet die Ideen großer Geister gedankenlos klein.

~

Wo der Pfeffer wächst, niesen die Leute bei der Ernte.

~

Gesellschaftliche Wahrheit bleibt auf ewig relativ.

~

Eine Schwangerschaft wird nicht durch die Regel bestätigt.

~

Der Vegetarier nimmt kein Blatt vor den Mund, er isst es.

~

Die Laus läuft äußerst ungern über eine Säuferleber.

~

Blöd bleibt blöd, da hilft auch kein Denkzettel.

~

Wer eingleisig fährt, ist dennoch kein Feind von Stereo.

~

Enttäuschung (die):
leere Menge an Hoffnung.

~

Dicke Freunde bleiben solche, auch nach gemeinsamer Diät.

~

Wer wagt, wägt dennoch ab.

~

Der Mensch lebt nicht für's Brot allein.

~

———

Über Nacht bekommt ein Erfolg viele Väter …

~

Die Definition von „Glück" würde ich keinem verraten.

~

Nur Alter oder schwerer Schmuck beugt die Frauen.

~

Dem Kurzsichtigen nutzt die gute Fernsicht nichts.

~

Fortlaufen ist keine Option, Stehenbleiben aber auch nicht.

~

So arm, um nicht von Reichtum zu träumen, ist niemand.

~

Wer liegen bleibt, kann nicht mehr umfallen.

~

Empfangene Trinkgelder rechtfertigen den Alkoholismus nicht.

~

*Gedicht*nislücken machen ein Rezitieren unmöglich.

~

Zweimal sage danke – erst mit dem Wort, dann mit der Tat.

~

Das Glück der anderen ist genauso tabu wie deren Konto.

~

Um Fußangeln auszulegen, muss man Hand anlegen.

~

Rauschebart (der):
ein besoffener Weihnachtsmann.

~

Jede Einseitigkeit spielt sich in den vier Dimensionen ab.

~

———

Ein flotter Dreier wiegt den besten Alleingang auf.

~

Selbst die Gerüchte waren schon besser.

~

Es gibt Helden, die sind bis zur Rente ausgebucht.

~

Die Kacke ist immer am Dampfen.

~

Die bloße Existenz überlasse den Tieren.

~

Unter Zwang entsteht nichts Beständiges.

~

Konsumierend glaubt der Mensch sich glücklich.

~

Früher waren selbst die Hühner glücklicher.

~

Herz und Hirn sind die beiden dipolaren Kerne des Menschen.

~

Die Rettung trägt uns zum Ufer des nächsten Augenblicks.

~

Jede Flucht spielt sich innerhalb dieser Welt ab.

~

Der Angepasste kann nicht als „überzeugt" gelten.

~

In mancher Kantine fühlt man sich wie ein Proband.

~

Alkohol verwässert den Geist.

~

Was nützen zwei gesunde Hände, wenn der Geist krankt!?

~

Versöhnung funktioniert auch bei Töchtern.

~

Im Traum ist jeder ein Held.

~

Erzählt wird viel, aber meist nur geredet.

~

Echte Thüringer sind keinesfalls arme Würstchen.

~

Alles, was die Küche hergibt, setzt der Wirt auf eine Karte.

~

So sehen Sieger aus: Abgekämpft!

~

In 40 Jahren steht Eminem als graue Eminenz auf der Bühne.

~

Außer π kreist alles ums Geld.

~

Der Platz an der Sonne – ein Garant für Hautkrebs.

~

Der Bestatter gräbt andern eine Grube.

~

Entweder Egoismus praktizieren oder Selbstkritik üben.

~

Jeder ist auf seine Art naiv.

~

Die Karriereleitern sind nicht TÜV-geprüft.

~

Nicht grundlos ärgern, nur damit es prophylaktisch geschieht.

~

Alle praktische Erfahrung entstieg einst einer Theorie.

~

Schwachsinn wird oft mit scheinbar starken Worten verkündet.

~

Es genügt nicht, lediglich physisch Mensch zu sein.

~

Reiche das Handtuch, wirf es nicht.

~

Selbst auf dem Weg ins Verderben kommen Leute zu Geld.

~

Das reine Gewissen und die weißen Westen heißen nur so.

~

Mit Selbstgesprächen gelangt man nicht zur Selbsterkenntnis.

~

Es sind Menschen, die sich so benehmen, wie es Tiere nie tun.

~

Im Dunkeln denkst du anders über hässliche Frauen.

~

Verstorbener Egoist (der):
ein Egowar.

~

Es kann nicht enttäuscht werden, wer vorher nichts erhoffte.

~

Das Schönste an der Revolution ist die Kaffeepause.

~

Es gibt Tischweine und Tischschweine.

~

Gegen die modernen Pestizide ist kein Kraut gewachsen!

~

Was uns nicht weiterbringt, zwingt uns zum Stehenbleiben.

~

Dort, wo Regeln aufeinandertreffen, entstehen Ausnahmen.

~

Die menschliche Lunge exisiert nicht des Tabaks wegen.

~

Hähne vermögen zu krähen, nicht aber die Krähen.

~

Eine dicke nackte Frau präsentiert 200 kg Blickfang.

~

Selbst der größte Denker trinkt aus einer gewöhnlichen Tasse.

~

Jeder Mensch trägt mindestens ein Körnchen Genie in sich.

~

Jedes Statussymbol wird vom Geld überschattet.

~

Nicht alles Beweisbare gilt als Wahres.

~

Durch Handschellen sind einem die Hände gebunden.

~

Dumme (die):
Das sind immer die anderen!

~

Fälschlicherweise hält man nur Ideologen für verknöchert.

~

Ausgesessene Probleme kehren als Mutanten zurück.

~

Man gewöhnt sich an alles, sogar an den Lebenspartner.

~

Unterscheide unerreichte von unerreichbaren Zielen.

~

Jeder Platz an der Sonne hat seine Schattenseiten.

~

Die Spaltmaschine ersetzt heute die Axt im Hause.

~

Suchende Menschen gehen bei ihrem Tun leicht verloren.

~

Durch Frau oder Henker verlor schon mancher den Kopf.

~

Auch in der Malerzunft verstecken sich Einfallspinsel.

~

Der Mensch spart hier Zeit, um sie dort zu vergeuden.

~

Aufgesparte Pläne nimmt man mit ins Grab.

~

Versprecher und Versager entstammen zweierlei Welten.

~

Wer wäre schon gern von schlechten Eltern?

~

Das Positive an der Heiserkeit: Der gute Ruf kommt wieder.

~

Elegant ausgedrückt, surft der Mensch auf der Zeit.

~

Am rettenden Ufer warten neue Leiden.

~

Früher stellte man aus Lumpen wenigstens noch Papier her …

~

An Alkoholvergiftung stirbt man abgefüllt – nicht erfüllt.

~

Wenn schon größenwahnsinnig, dann gleich XXL.

~

Bitten (das):
die leichte Variante von Fordern.

~

Fastfood (das):
die zeitgenössische Ambrosia.

~

Vasallen sind niemals Mitstreiter.

~

Die innere Stimme eines Schwätzers – ein phonetischer Tumor.

~

Auch Handwerker haben ihren Preis, er heißt nicht Oscar.

~

Politiker (der):
störrisches Maultier – trägt nichts, aber mault.

~

Alle Zeit vergeht, nicht nur die intensiv genutzte.

~

Du musst keinen Spaß verstehen, es reicht, wenn du mitlachst.

~

In der Nähe jeglicher Trauer gilt es, Hoffnung anzusiedeln.

~

Jedes Dasein endet mit dem Eintritt ins Jenseitige.

~

Rausgeworfene nahe Verwandte sind für immer Entfernte.

~

Es gibt auch Frauenhäuser, wo Männer ein und aus gehen.

~

Wer beim Mausen erwischt und erschlagen wird, ist mausetot.

~

Man ringt sich ein Buch ab und lernt sich dabei selber kennen.

~

———

Erst die nackte Idee, dann der kluge Gedanke.

~

Das Bewusstsein braucht ein Behältnis – deshalb der Körper.

~

Wer sich die Zeit vertreibt, schickt sie doch nicht ins Exil.

~

Jeder Taschendieb hätte gern ein glückliches Händchen.

~

Im Trend liegen Schönwetterlebensziele.

~

Der Dämmspezialist – eben auch ein Dichter.

~

Noch nie lachte der eine Boxer dem anderen ins Fäustchen …

~

Als Zeichen des Dankes gibt niemand sein Leben hin.

~

Der Pharao regierte, um sein Grab bauen zu lassen.

~

Den Ungeduldigen erschlägt die Stunde.

~

Auch Superman trug mal eine Zahnspange.

~

Dort, wo die meisten Fliegen schwärmen, liegt das Aas.

~

Der Schule entronnen, aber nicht der staatlichen Zensur.

~

Nur Tätigkeit vermag den Menschen zum Schöpfer zu adeln.

~

Dem schwärzesten Schaf geht sogar der Wolf aus dem Weg.

~

———

Die Politiker spielen sich auf als Bewährungshelfer des Volkes.

~

Jede Illusion ist ein Unikat.

~

Wer 10.000 € besitzt, ist Centmillionär.

~

Eine Frau im Adamskostüm? Das wäre doch ein Transvestit …

~

Stell dir vor, die Welt ist aus Zucker und du bist Diabetiker.

~

Am beunruhigendsten wirken immer noch Statistiken.

~

Manch Frauenherz schlägt gegen Silikon.

~

Leicht lässt sich nur der Kopf unter einen Hut bringen.

~

Golf kann man fahren oder spielen.

~

Ich bin zu optimistisch, um für „heute in 30 Jahren" zu planen.

~

Wer wegschaut, muss das Elend nur noch riechen.

~

Bereits beim zweiten Buch kupfert der Autor bei sich ab.

~

Erdöl und Zucker werden raffiniert, Menschen sind es.

~

Keiner will hinnehmen, niemand hergeben.

~

Ohne den siebenten Zwerg wäre eine kleine Welt unvollständig.

~

F6 ist mir nur als Feld auf dem Schachbrett sympathisch.

~

Neid (der):
gewichtiger, objektbezogener Egoismus.

~

Die Uhren gaukeln uns vor, sie hätten Gewalt über die Zeit.

~

Zum Glück regnet es nur draußen und nicht in meiner Seele.

~

Jede Gerüchteküche besitzt einen Chefkoch.

~

Scheidung (die):
Nutzung des volles Rückgaberechts.

~

Auch beim Messi war einmal Platz in seiner kleinen Hütte.

~

Die Wahrheit ist ein zäher Gummi.

~

„Ehrlich gesagt …" ist schon gelogen.

~

Alles scheint stimmig, wenn das Geld stimmt.

~

Wer nur Fragen stellt, redet nicht mit.

~

„Alles unter Kontrolle" bedeutet oft Verkennung von Gefahr.

~

Ist der Lack erst mal ab, dann meist bis auf die Grundierung.

~

Modernes Fossilieren betreibt, wer etwas zu den Akten legt.

~

Er würde gern Farbe bekennen – aber welche?!

~

Der Böse benutzt die Artigkeit als Maske.

~

Gott schuf das Licht, aber nicht den Ökostrom.

~

Alle schauen auf 007. Wer aber waren die sechs Vorgänger?

~

Wie vital ist der gesunde Durchschnitt wirklich?

~

Ich glaube fest daran: Auch eine Seele duftet.

~

Er irrt sich, doch er tut es elegant.

~

Er war dabei, doch stand er abseits.

~

Das Wort „Auftragswerk" riecht stark nach vergewaltigter Kunst.

~

Man ruft die Geister und es kommen prompt die Falschen.

~

Konsequenz verlangt nach Richtung.

~

Was tun die Hooligans wohl in der Ligapause?

~

Das Dach über dem Kopf könnte auch ein Carport sein.

~

Den Dienst am Menschen darf man nicht als Opferung sehen.

~

Steter Tropfen höhlt den Anschein.

~

———

Eine breite Straße führt nicht zwingend effektiver zum Ziel.

~

Fernsehen (das):
Weltanschauung für Daheimgebliebene.

~

Erst sind wir jung, später glauben wir, 's zu sein.

~

Ein Schein trügt mehr als zehn Münzen.

~

Wer jeder Mode folgt, lebt angeleint.

~

Er ist körperlich da, aber im Geiste nicht ganz hier.

~

Rost (der):
Eisen im Ruhestand.

~

Muslimischen Frauen sieht man die Haarpflege nicht an.

~

„Betroffene" klingt wie „Leidende".

~

Parteien sind wählbare Sekten.

~

Für den Vergesslichen sind es die Zettel, die die Welt bedeuten.

~

Viele Schnäppchen erweisen sich als Näppchen.

~

Wer zum Dichter nicht taugt, gehe zur Zeitung.

~

Das Glück jedes Einzelnen besitzt ein Maximum.

~

Der wahre Fürst ist Sklave seines Volkes.

~

Manch Chef taugte schon als Mitschüler nichts.

~

Der Ungebildete hält Franz von Suppè für den Fernsehkoch.

~

Auch für Heinz wird es irgendwann ernst.

~

Illusionen sind private Märchen, ohne die jede Hoffnung stirbt.

~

Geschenke decken Menschenkenntnis auf.

~

Linkshänder sind Menschen vom anderen Schriftufer.

~

Wen der eigene Hund beißt, den betrügt auch seine Frau.

~

Lüge (die):
schäbige Form der Abwehrhaltung.

~

Alles, was nicht zum Nachdenken anregt, ist Kitsch.

~

Wenn keiner hinschaut, zweifeln auch Optimisten.

~

Bürokratie (die):
Zettelwirtschaft.

~

Am jüngsten Tag gehen alle noch Verbliebenen in Ruhestand.

~

Menschliche Ruhemasse führt zu Fettleibigkeit.

~

———

Aphoristiker haben gut schreiben.

~

Der Mensch mag Geschichten erfinden, nicht aber Geschichte.

~

Die Halbwertszeit eines Autos ist schnell erreicht.

~

„Amtlich steif" – das bedeutet nicht: dienstlich paarungsbereit!

~

Viele wissen es besser, ohne Kenntnis, was und um wie viel.

~

Ein Narziss bleibt seiner ersten Liebe für immer treu.

~

Wer schreit, läuft Gefahr, durch den eigenen Lärm zu ertauben.

~

Wenn wir mehr Zeit hätten, bräuchten wir keinen ICE.

~

Büroschlaf (der):
Meditation im Dienstzimmer.

~

Ich lebe, also hinterfrage ich mein Leben.

~

Ein atomares Endlager – die leuchtende Zukunft.

~

Der neue Tag beginnt mit altem Leiden.

~

Brille (die):
Sehhilfe, aber kein Erkennungsgarant.

~

Das Finanzamt hat mich erfasst, also bin ich tatsächlich.

~

Beischlaf – das klingt, als wäre Publikum zugegen.

~

Niemand sieht, wenn es tief in mir regnet.

~

Dem Stubenhocker bleiben Reiseimpressionen unvermittelbar.

~

Ikarus (der):
ein an Vogelgrippe erkranktes Pferd.

~

Die Menschen werden volljährig, aber nicht alle erwachsen.

~

Geliebte (die):
eine Frau, die man nie heiraten sollte.

~

Einige Menschen sind schneller vergessen als begraben.

~

Allen Tanten gut, aber reserviert gegenüber Dilettanten.

~

Das Leben selbst besteht zum Teil aus Kleingedrucktem.

~

Viele Philosophen vermögen weiblich zu denken.

~

Suchend ist man nie allein, nur bei der Methode.

~

Gut bist du, wenn dich Kinder loben.

~

Manch Betrunkenem entzog der Körper die Geherlaubnis.

~

Das weiße Papier will nicht jungfräulich bleiben.

~

Völlig gesättigt, werden alle Tiere zahm.

~

Lieben und lieben lassen.

~

Es darf selbst nicht leidend werden, wer Leidende betreut.

~

Im Nachthemd sieht eine alte Frau am hilflosesten aus.

~

Er ist ein Glückspilz, aber ein Giftzwerg.

~

Für den Menschen endet die Welt am Erkenntnishorizont.

~

Der leuchtend rote Apfel warf sich ganz schön in Schale.

~

Durchhalten bringt nichts, nur dranbleiben zählt.

~

Sei lesender Denker und denkender Leser.

~

Tantieme honorieren längst abgeschlossenes Denken.

~

Der Veganer scheut die Fliege in der Suppe.

~

Einige Gäste richten erst beim Gehen Schäden an.

~

Gib dieses eine Leben nicht den Gurus und den Drogen.

~

Er hat keinerlei Ahnung, und das sehr ausgeprägt.

~

Ehe sich das letzte Gewissen regt, geht die Welt unter.

~

Wenn ich schon kein Geld habe, dann wenigstens Recht.

~

Sind die schlechten Leute unter sich, ist alles gut.

~

Unter Einsatz großer Scheine wird das Mittelmaß geheiligt.

~

Wir brauchen mehr Ketzer und weniger Scheiterhaufen.

~

Alle Wunden werden heilen, auch ohne Wunderheiler.

~

Die Spekulanten wissen, wie sie Land gewinnen.

~

Kriminelle Energie ist im physikalischen Sinne keine negative.

~

Unsere Sprache ist flexibel – sie lässt jedes Geschwätz zu.

~

Chaos ist das komplizierteste Ordnungssystem.

~

Wem die Würde genommen, der ist mehr als nackt.

~

Am interessantesten sind in jedem Fall die Nebenwirkungen.

~

Die Geburt schließt das Vorwort einer Biographie ab.

~

Jeder Dumme ist Professor seines Fachgebiets.

~

Länger leben – ja, länger leiden – nein.

~

Genial ist, wer aus der Idee ein Ideal formt.

~

Auch die Seele hat regelmäßig ihre Tage.

~

Mit der Geburt wird es ernst im Leben.

~

Ohne die Gemeinschaft der Farben existiert kein Bunt.

~

Gemeinsam mit dem Fortschritt marschieren die Probleme.

~

Der Mensch führt die Welt ins anthropogene Chaos.

Gewissen (das):
eine ganz besondere Nische im Bewusstsein.

~

Des einen Teufel ist des anderen Messias.

~

Das Mosaik von 365 Tagesergebnissen gestaltet das Jahr bunt.

~

Selbst vergoldet möchte niemand den Teufel geschenkt haben.

~

Den Abstauber sehe ich nicht als Helden an.

~

An schlechter Suppe nimmt das Löffeln nie ein Ende.

~

Wer im Überfluss lebt, macht aus Verschwendung ein Spiel.

~

Nicht alle Ferkel sind kleine Schweine.

~

Das Deckmäntelchen erweist sich niemals als Isomatte.

~

Arschkalt kann jedes Körperteil sein.

~

Er hält sich aus allem raus, und das sehr fachmännisch.

~

Vor den Computern rinnt manch Kinderzeit dahin.

~

Beim Ausspruch eines Lobes wird nicht gebrüllt.

~

Nicht alle Kämpfe mit sich selbst sind gewinnbar.

~

Klopatra (die):
eine gute Frau, welche das öffentliche WC sauber hält.

~

Es gibt Menschen mit einer Art Leihmutterwitz.

~

Der Mensch schmückt sich mit fremden Federn und Fellen.

~

Ordnung ist nicht mehr als kanalisiertes Chaos.

~

Den meisten Erfindern war das Schicksal nicht gewogen.

~

Eine wütende Mutter schiebt selbst Elefanten beiseite.

~

Nicht alles, was uns am Leben erhält, ist eine Tugend.

~

Den Titel „Mensch" kann man niemals verlieren.

~

Kein wahrer Verdienst ohne Dienst am Menschen.

~

Permanent vom Erfolg verwöhnt, lernt man nichts dazu.

~

Schreiben steht für „intensiv leben".

~

Der Narr fragt, um zu prüfen, ob der Weise eine Antwort kennt.

~

Die großen Künstler wichen längst den Eintagsfliegen.

~

Am Ende gehen wir alle ins Exil!

~

An Habgier erkrankt, gesundete noch keiner.

~

Durch Alzheimer bekam das Vergessen einen Namen.

~

Der Schlaftablettentester träumt von Berufs wegen.

~

Damals waren wir noch jung und schön war die Zeit.

~

Die Nacht färbt sogar die Luft schwarz.

~

Alt ist er zwar, lässt sich mit der Weisheit aber noch Zeit.

~

Raubbau endet am Ast, auf dem man sitzt.

~

Außer dem Botschafter existieren keine Teufel im Paradies.

~

Geldbeutel (der):
das empfindlichste Organ des Menschen!

~

Wird die Hölle zur solchen, wandert selbst der Teufel aus.

~

Angst bindet sich immer an die Annahme eines Zustandes.

~

Es nennt sich Historie und erklärt die Geschichte des Geldes.

~

Der Träumer ist wach, der Träumende schläft.

~

Manch schlechtes Bild steckt in einem wertvollen Rahmen.

~

Wer zu weit geht, zieht den Kürzeren.

~

Ein Tagebuch muss mehr als nur Lebenszeichen mitteilen.

~

Kreativität gehorcht nicht der Peitsche.

~

Der Schnee von gestern speist heute den Quell.

~

Wer auf der Anreise stirbt, macht eine Abreise draus.

~

Wer die Werte kennt, feilscht nicht um die Preise.

~

Auch die alten Römer waren einmal jung.

~

In der Schwulenkneipe stimmt die Frauenquote indirekt.

~

Ein Volk ohne Raum – das sind die Obdachlosen.

~

Alle Menschen mit einem Ziel vor Augen betreiben Religion.

~

———

Im Weichei tummeln sich die meisten Salmonellen.

~

Wer die Nase hoch trägt, kennt keine Gänseblümchen.

~

Fremdheit macht Leute nicht zu Menschen zweiter Klasse.

~

Dänisches Bettenlager (das):
ein Stückchen Schlaraffialand.

~

In Luftschlössern gibt es keine Fußböden, nur Falltüren.

~

Wer am Strick baumelt, hängt nicht mehr am Leben.

~

Das Schicksal mischt die Karten, auch für Schachspieler.

~

Selbstmitleid rekrutiert sich immer aus einer Art Heimweh.

~

Das letzte Heimweh – die Sehnsucht nach dem Tode.

~

Bescheidenheit schont Umwelt und Nerven.

~

Er heiratete, war also auf's Schlimmste vorbereitet.

~

Manche haben Franken in der Tasche, andere als Nachbarn.

~

Man irrt gedanklich oder durch den Wald.

~

Parallel zum Leben gibt man das Irren auf.

~

Es gab mal ein Leben vor dem Computer, aber lang ist's her.

~

Ich schreibe auf, also lebe und denke ich!

~

Der Klügere gibt nach, denn der Dümmere nicht auf.

~

Wer schlafende Hunde weckt, der stört auch ruhende Beamte.

~

Partnerbörse (die):
das Netz im Netz.

~

90/60/90 – das könnten auch die Maße einer Hundehütte sein.

~

Schnell kann der arbeitslose Maler zum Stadtstreicher werden.

~

Am Strand tummeln sich auch die Betuchten nackt.

~

Manch Gehilfe fungiert auch als Gehhilfe.

~

Ratlosigkeit bedeutet niemals Meinungslosigkeit.

~

Ohne nutzbringende Anwendung bleibt jede Lösung wertlos.

~

Keine neue Erfahrung ohne blaue Flecken.

~

Wer dem Fluss folgt, kommt ans Klärwerk.

~

Nur Schwindelfreie kommen in den Himmel.

~

Viele Menschen beißen zahnlos ins Gras.

~

Nach zehn Jahren Ehe kann der Mann als domestiziert gelten.

~

Wie man sich bettet, so liebt man.

~

Im Bett bereiten Menschen die Weltpolitik von morgen vor.

~

Herrscht Inflation, hat jeder die Taschen voller Geld.

~

Im Mittelalter erteilten die Ritter Rüstungsaufträge.

~

Schwarzer Humor existiert auch in Afrika.

~

Frau (die):
das haushaltende Wesen auf dem Anwesen.

~

Selbst die Anarchie kommt nicht ohne Autorität aus.

~

Ems, Weser, Oder.

~

Wir sind nicht da, um diese Welt zu bestaunen.

~

Wo ist der Mensch, wenn Gott ihn braucht?

~

Der Umgang mit Irrtümern scheidet Weise von Narren.

~

Nicht alle Feldherren sind auch zu Hause Chef.

~

Jeder Kinderwunsch geht unter die Gürtellinie.

~

Ich möchte doch lieber Bücher überfliegen als Landschaften.

~

Beobachter (der):
ein denkender Zuschauer?

~

Auch wer in der Vergangenheit lebt, existiert in der Gegenwart.

~

Wer mir Recht gibt, will doch nur seine Ruhe haben.

~

In der DDR war alles besser – sogar die Hörgeräte.

~

Es gibt viel zu tun – aber nicht vor dem Frühstück.

~

Wo es an Beispielen mangelt, formuliere ein Gleichnis.

~

Manch verhängnisvolle Schnapsidee entstand am Biertisch.

~

Rückzug (der):
ein Vorstoß Richtung Heimat.

~

Alle hören hin, keiner aber zu.

~

Warum startet überhaupt, wer keine Ziele hat?

~

Für jede Handlungsweise gibt es Handlungsweise.

~

Konsumbereitschaft macht die Menschen käuflich.

~

Das Labor ist die Kirche der Wissenschaft.

~

Süßer die Blätter nie rauschen, als in der Sommerzeit …

~

Er nahm nichts persönlich, außer Schmiergeld.

~

Dogmen sind geistige Fossilien.

~

Er ist ein Durchschnittsmensch, doch in zwei Kriterien besser.

~

Am besten duftet doch die Liebste.

~

Früher hieß es Stasiakte – heute Payback-Karte.

~

Vor dem Spiegel fühlt sich der Egoist allein zu zweit.

~

Im Handeln liegt die erste Pflicht des Lebens.

~

Der Mystiker macht mit geistiger Finsternis Geschäfte.

~

Die nächtliche Ruhe täuscht – es schlafen nicht alle.

~

Noch kennt man nicht den Zweck für alle Mittel.

~

Lieber jemanden das Ohr leihen, als Geld.

~

Der tote Wachhund nutzt ausgestopft niemandem.

~

Es besteht Meinungsfreiheit, aber kein Zuhörzwang.

~

Sie zieht sich aus und er versucht sein Glück.

~

Zeit bekommt durch Inhalt ein Gewicht.

~

Veganer kann man auch als Salatisten bezeichnen.

~

Wer stets nur nach vorn schaut, ist rücksichtslos.

~

Manch einer, den man Esel nennt, ist dadurch von Adel.

~

Auch wenn du vom Lande kommst – Dich schickt der Himmel!

~

Nichts tun – der perfekte Arbeitsschutz.

~

Nur die Zeit ist frei von Konservierungsstoffen.

~

Den Griff zur Flasche nennt er Gottvertrauen.

~

Wer Kinder betrügt, missbraucht sie auch.

~

Dank killekille ist es doch passiert.

~

Von dem, was nicht schmeckt, gibt jeder gern ab.

~

Ihre zurückliegenden zehn Lebensjahre waren drei Ehemänner lang.

~

Dem Zweck ist jedes heiligende Mittel recht.

~

Was unter aller Sau ist, kann nicht oberhalb der Gürtellinie liegen.

~

Bisher hob sich noch kein Nachtragender einen Bruch.

~

Allzeit „Gut Blatt!", ihr Bäume und Skatspieler.

~

„Das wird schon wieder!" – auch so eine Illusion!

~

Lebenskünstler surfen auf geklauten Brettern durch's Leben.

~

Am liebsten springe ich nachts über meinen Schatten.

~

Das Ausruhen auf einem Erfolg hält alle weiteren fern.

~

Erfolg entscheidet sich schon mit dem richtigen Vorwort.

~

Das Leben sollte man wohl erst beim Ableben loben.

~

Die Götter der Antike sind längst in Rente.

~

Alle Träume scheuen die Berührung mit realem Boden.

~

Gesammelte Werke beinhalten auch Tiefpunkte des Schaffens.

~

Wissend will ich sterben und jung auf keinen Fall.

~

Alle Gespenster, die existieren, setzte der Mensch in die Welt.

~

Die Kraft der Aphorismen liegt in unser aller Auslegung.

~

Wer Fragen stellt, der stellt sich seinem Leben.

~

An Pegasus kann der Hufschmied nicht viel verdienen.

~

Fortschritt bedeutet niemals Verwurf der Klassiker.

~

Steht die Frau nackt vor ihm, wird der Mann zum Einhorn.

~

Die Karawane zieht weiter und ich Kamel stecke mittendrin.

~

An Untote glaube ich nicht, kenne jedoch viele Nichtdenkende.

~

Man sieht den Wald vor lauter Müll der Anwohner nicht.

~

Er leistete Hilfe, aber nur, weil alle hinschauten.

~

Die Frauen wissen, was sie wollen, auch ohne Studium.

~

Wir sind das (zahlende) Volk!

~

Eben das „Nicht weiter sagen!" bricht alle Dämme.

~

Beim Räumen einer Wohnung klärt sich manch Geheimnis auf.

~

Spekulation ist ein weites Feld und sichert sogar Arbeitsplätze.

~

Überall zu Hause – nirgendwo daheim.

~

Alles zu seiner relativen Zeit!

~

Einbrecher nutzen gezielt die Tage der offenen Kellerfenster.

~

Selbstfindung (die):
das persönlich genommene Geocaching.

~

Die Angst geht um, aber wir verstehen es, mit ihr umzugehen.

~

Wer der eigenen Frau nicht vertraut, besitzt keinen Hafen.

~

Vorteil triumphiert über Verwandtschaft.

~

Auch die Schattenwirtschaft kommt nicht ohne Lichtquelle aus.

~

Ändern muss man sich – lange vor der Wiedergeburt.

~

Nicht alles, was uns am Leben hält, ist eine Tugend.

~

Viele Vorbehalte entstehen beim Nachdenken in Einsamkeit.

~

Mit einer nackten Frau kann kein Mann verhandeln.

~

Die Welt schläft nie, doch viel zu oft die guten Geister.

~

Die meisten Ikonodulen sind verliebt ins eigene Spiegelbild.

~

Individuell betrachtet, existiert freilich alles nur für das „Ich"!

~

Die Zukunft, an die wir glauben, erleben andere.

~

Auch der Taube kann einer Frau hörig sein.

~

Es spielt wohl jeder eine Rolle, doch viele spielen sie lediglich.

~

Oh, Muse, küsse mich, meine Frau schaut gerade weg!

~

Es leben uns gar viele vor: Man wird auch ohne Tugend alt.

~

Platz ist in der kleinsten Mitte.

~

Die Uhr bleibt stehen, die Zeit läuft weiter.

~

Alle adligen Elefanten waren früher Mücken.

~

Wahlbetrug fängt damit an, dass eine Parole gut klingt.

~

Wer keine Chance hat, dem bleibt immer noch die Hoffnung.

~

Erst träumend ist der letzte Mensch zu Hause.

~

Der Krieg tötet die zivilen Hoffnungsträger.

~

Ohne Schwarzarbeit sähe es trübe aus für die Konjunktur.

~

Es gibt keine leeren Bücher, wohl aber leere Köpfe.

~

Alles was schief läuft, kommt garantiert auf die Titelseite.

~

Im Dunkeln denkt man anders über Zeit.

~

Ich zahle Steuern, also bin ich.

~

Für Köpfe existiert kein Keuschheitsgürtel.

~

Märtyrer gehen nie in Rente.

~

Am Anfang war das Wort, das erste Buch kam später.

~

Unser täglich Brot gib uns morgen, heute wollen wir Bier.

~

Im nächsten Leben bin ich Rind und nicht noch einmal Ochse.

~

Voreilige Kreditnahme kann zum Tod auf Raten führen.

~

Im Mittelpunkt *der Kritik* steht der Mensch!

~

Der Glaube ersetzt Datenberge nicht.

~

Es bereitet Vergnügen, die Ausbaufähigkeit einer Idee zu sehen.

~

Die beste Universität ist immer noch die Welt da draußen.

~

Zu den notwendigen Übeln gehört auch das Heiraten.

~

Die Herren der Luftschlösser sind allesamt naiv.

~

Wer sich etwas vormacht, läuft dem Selbst hinterher.

~

Ein vergessener Toter ist endgültig gestorben.

~

Reich wird man nur durch Aneignung fremden Geldes.

~

Im Land der Gleichgültigen existiert keine Infrastruktur.

~

Dem kurzsichtig Denkenden kann kein Augenarzt helfen.

~

Selbst das Genie kämpft mit seinen Illusionen.

~

Es müsste heißen: dem *vorzeitigen* Tod entronnen.

~

Festhalten kann man sich auch am sinkenden Schiff.

~

Fremdwörter adeln den Inhalt jeder Sprechblase.

~

Alle Eitelkeiten sind spezifisch persönlich.

~

Im Wollen liegt die Kraft.

~

Geld zensiert die Welt.

~

Damit die Welt bleibt, lebt, handelt und stirbt der Mensch.

~

Wer klagt, ergab sich längst.

~

Selbst mit freiem Oberkörper kann einem der Kragen platzen.

~

Die falsche Schlange gehört nicht zu den Kriechtieren.

~

Wer sich erhängt, erweist sich als makabrer Produkttester.

~

Das letzte Stück des Weges lässt man sich tragen.

~

Wir arbeiten zwar im heute, doch für die Zeit danach.

~

Vom Problem zeigt sich traditionell die Spitze des Eisberges.

~

Gealtert, kehrt man seufzend letzte Hoffnungen beiseite.

~

Der wahrhaft Stärkere übernimmt Verantwortung.

~

Organspende (die):
humanitärer Antiquitätenhandel.

~

Jeder Mensch lebt und besitzt auf Zeit.

~

Damit Wunder geschehen, müssen Menschen schwer arbeiten.

~

Viele Ängste sind direkt oder indirekt an Geld gebunden.

~

Wer schwimmen kann, ist nur zu dumm zum Ertrinken.

~

Die Politiker geben nicht zu, dass sie alle nur Statisten sind.

~

Man folgt einer Fahne, aber nicht allen, die mitlaufen.

~

Alltag (der):
scheinbar nicht mehr als eine wahre Lüge!

~

Wer sich einer Wahl verweigert, traf eben auch seine Wahl.

~

Es spricht keinesfalls Bände, wer stundenlang schwätzt.

~

Der Schlagfertige ist nicht der stets zum Prügeln Bereite.

~

Der Exhibitionist arbeitet mit Zeigestöckchen.

~

Still ruht der See – in Starre verfallen die Sinne.

~

Niemand kann sich Zeit auf Kredit nehmen.

~

Archive und Bibliotheken aller Länder, vereinigt euch!

~

Auf das kürzere Ende der Bratwurst kommt der Senf.

~

Er redet vom Wetter, als ob es zum ersten Mal welches gäbe.

~

Ist der Wille einmal da, führt kein Weg zurück.

~

Selbst die Lügen klingen heute angemessen modern.

~

Die Muse küsste heute nicht, sie nahm sich frei.

~

Jeder Hund kennt sich aus mit Belletristik.

~

Einige Pilgerwege führen von Kneipe zu Kneipe.

~

Pro Boot sind keinesfalls alle darin Sitzenden gleich.

~

Der Schlüssel zum Erfolg kann durchaus ein Dietrich sein.

~

Zeit und Geld sind relativ, aber die Zeit ist beständiger.

~

Standpunkte vertritt man heute vom Computer aus.

~

Bibliotheken ohne Besucherverkehr sind Mausoleen.

~

Schein oder Kleingeld, das ist hier die Frage!

~

Lediglich der Welt küsse ich die Füße.

~

Wird ein Archiv vernichtet, sterben Menschen ein zweites Mal.

~

Alle Hinterlistigen stürmen auf Schleichwegen vorwärts.

~

Fertig mit der Welt, da uneins mit sich selbst.

~

Probleme sind geduldiger als Menschen.

~

Nicht alle Eingebildeten sind Scheinkranke.

~

Er glaubt an nichts und belässt die Berge an ihrem Standort.

~

In der Ruhe schmort man im eigenen Saft.

~

Der Mensch versetzt seinesgleichen, aber doch keine Berge.

~

Der Groschen ist gefallen und keiner kann ihn finden.

~

Halbe Fachleute richten ganzen Schaden an.

~

Wer sich sein Teil denkt, will gar nicht alles wissen.

~

In irgendeiner Statistik taucht jeder auf.

~

Das Kleingedruckte wird als Nichtgelesenes zur Falle.

~

Langeweile darf niemals zum Argument werden.

~

Wer sich dumm stellt, kommt erfahrungsgemäß weit.

~

Gott schuf zwar das Licht, erfand aber nicht die Sparlampe.

~

Besser ein schlechtes Gedächtnis, als halbherzig verziehen.

~

Scheinbar geht nichts mehr ohne den baren Schein.

~

Irren ist menschlich – das Irre scheinbar.

~

Dumm sind viele, aber nur wenige nicht clever.

~

Nur wenige Querdenker sind Dilettanten.

~

Entscheide dich, ohne die Extremlösung zu wählen.

~

Niemand weiß, wie viel ihm vom Wesentlichen bekannt ist.

~

Zwar spricht er in kurzen Sätzen, aber es sind einfach zu viele.

~

Die Nummer eins hat immer noch sich selbst als Gegner.

~

Des einen Elend – des anderen Sensation.

~

Wer sich in die Nesseln setzt, tut etwas für die Gesundheit.

~

Der nachtblinde Einbrecher kann nur halbtags arbeiten.

~

Demenz durchlöchert jeden Perfektionismus.

~

Der Träger des letzten Hemdes ging KIK als Kunde verloren.

~

Das Vaterland vergisst über den Umweg Geld sein Volk nicht.

~

Der gefangene Veganer bekehrt die Kannibalen nicht.

~

Der Mensch wankt nicht vom Bier allein!

~

Zeit ist Geld: Zeit, die ich habe, und Geld, das mir fehlt.

~

Einige Gräber ziert achtlos belassenes Unkraut.

~

Die anderen, das sind stets die Gleichen.

~

Der Giftzahn sitzt im geistigen Kiefer.

~

Der Mensch übergibt sich eher mündlich als ganzkörperlich.

~

Unsere Ahnen hegten andere Illusionen …

~

So vieles ist möglich, aber alles mit Arbeit verbunden.

~

Ohne die Kultivierung der Lüge gäbe es viel mehr Arbeitslose.

~

Dumm ist, wer seine Dummheit nicht zu vermarkten weiß.

~

An der Suche nach Wahrheit beteiligen sich nicht alle.

~

Alle hinter mir Stehenden könnten mir in den Rücken fallen.

~

Farbenblind zu sein und Pessimist – besser kann es nicht passen.

~

Wer die Wahrheit verzerren will, muss sie erst einmal kennen.

~

An der Seele des Teufels scheiden sich die Geister.

~

Archivieren bedeutet leider vielfach einmotten.

~

Skandale provozieren kulturlose Aufmerksamkeit.

~

Ist bibliophil, wer Bibeln sammelt?

~

Nicht jeder vermag den freien Gedanken in Worte zu fassen.

~

Nur der Tod befreit Menschen von stetiger Unentschlossenheit.

~

Wer auch die Rückseite eines Vorteils nutzt, der hat bereits zwei.

Die Helmpflicht bewahrte ihn nicht vor dem Beinbruch.

~

Die Legende vom Klapperstorch – ein Ammenmärchen.

~

Abschreckende Beispiele gehören in die Geisterbahn.

~

Ohne zu zucken, klimpert sie mit den Wimpern.

~

Frisch Überzeugte bleiben labile Zeitbomben.

~

Was bliebe vom Erbrecht, kämen plötzlich alle Toten wieder?

~

Wer gibt schon einen guten Rat, an dem er nichts verdienen kann?!

~

Zu vieles nehmen die Menschen auf die leichte, linke Schulter.

~

Die kleinsten Scheißer verbreiten den größten Mief.

~

Mit einem Link gelangte er auf eine rechte Internetseite.

~

Alle Jahre wieder: Vom Eise befreit sind Hof und Hecke.

~

Auch bergauf kann man straucheln, aber nur bergab stürzen.

~

Er ist zu bescheiden, um über seine Eitelkeit zu sprechen.

~

Das Entgegenkommende holt uns auf eine andere Art ein.

~

Die Welt ist frei – frei von Gerechtigkeit.

~

Höher als zur Einsicht lässt sich die Ansicht nicht entwickeln.

~

Kaum ein Strandbesucher kann mit einem As im Ärmel dienen.

~

Die Zeit heilt uns von allen Wundern.

~

Eines Tages gehört den Pleitegeiern die Welt.

~

Von Aphorismen kann man nicht leben, ohne auch nicht.

~

Alles, was den Dienstweg nimmt, ist jahrelang unterwegs.

~

Manch Überflieger endet als Kamikaze.

~

Aus eigener Dummheit kreiert niemand einen neuen Witz.

~

Wer kopiert, erfindet das Plagiat neu.

~

Man liegt nackt nicht nur zum Schlafen da.

~

Darf als normal gelten, was alle tun?

~

Ist vergeudete Zeit gleichzusetzen mit inflationärem Geld?

~

Wer kein Geld hat, nehme sich wenigstens Zeit.

~

Früher Ruhm und zu viel Rum wirken ähnlich.

~

Infos sind mehr als nur geistige Spurenelemente.

~

Wer stets nur zustimmt, verrät nicht, was er wirklich denkt.

~

Der Mantel des Schweigens kostet Schweigegeld.

~

Gestern war sogar mein Spiegelbild besser drauf.

~

Erst trauernde Gemeinde spielen, dann ans Eingemachte gehen …

~

Über die politischen Verhältnisse entscheidet der Nichtwähler.

~

Die meisten Möglichkeiten bleiben eventuelle Variante.

~

Vampire haben es schwer im HIV-Zeitalter.

~

Eines Tages fällt der Apfel nicht weit vom Genlabor.

~

Wer weiß, dass der Geldbeutel leer ist, spart sich das Zählen.

~

Es kommen die zu Geld, denen nichts nachweisbar ist.

~

Die Frisur sitzt, der Verstand kam längst abhanden.

~

Wer Lotto spielt, vertraut dem Ungewissen.

~

Ungezeugte bewohnen eine Sonderprovinz im Reich der Toten.

~

Viele reden über Geldvolumen, die sie nie besitzen werden.

~

Individuelles entsteht nicht am Fliessband.

~

Trauerfeier (die):
wenig Buchstaben, viel Widerspruch im Wort!

~

Der kleinste Verdruss fegt niederen Optimismus fort.

~

Unbesprochenes verharrt als wabbernder Tumor im Geiste.

~

———————

Das Frauenhaus ist auch ein Asylantenheim.

~

Wer offene Türen einrennt, kann an der Schwelle stolpern.

~

Trägheit lässt die Menschen vorzeitig altern.

~

Selbst hinter kleinen Hügeln verbirgt sich oft Großes.

~

Zwei, die schweigend beisammensitzen, reden über nichts.

~

Der Betrüger vermehrt das Lehrgeld seiner Mitmenschen.

~

Noch immer betrachten sich die Menschen als Stiefbrüder.

~

Man sieht den Wald vor lauter Kahlschlag nicht.

~

Der Glücksvorrat der Welt reicht für alle Menschen.

~

Wer auf Toleranz hofft, erwartet in Wirklichkeit Absolution.

~

Urlaub vom Lauf des Lebens kann sich niemand nehmen.

~

Das Unwort des Jahres brachte dem Volk nichts Gutes ein.

~

Wir – das sind für viele die anonymen anderen!

~

Der Alleinunterhalter bleibt ohne Publikum ein Robinson.

~

Eine Drehung um 360° stellt keine Wendung zum Besseren dar.

~

Mumien sind Sonderformen von Zeitreisenden.

~

Alles, was im Trend liegt, wird die Welt nicht retten.

~

Gebärende Frauen schreiben Geschichte.

~

Der willkommene Gast fühlt sich niemals fremd.

~

Viele große Denker waren von kleinem Wuchs.

~

Auf der Stelle zu stehen, bedeutet zurückzubleiben.

~

Egal, ob die Zeit relativ ist oder nicht – wir müssen sie nutzen.

~

Eltern erziehen sich an ihren Kindern.

~

Man jubelt scheinbar frei und doch in jemandes Sinne.

~

Vor dem Fordern kommt das Leisten.

~

Beifall wird vom Interpreten meist falsch interpretiert.

~

Man findet immer nur ein Äquivalent des Gesuchten.

~

Viele sind besessen von dem, was sie nie besitzen werden.

~

Selbstmitleid gilt als Ersatz von Kreativität.

~

Jeder Verharrende arbeitet mit eigener Technik.

~

Der Mensch treibt die Natur in den Burnout.

~

Als allgemein seriös gilt, wessen Leichen im Keller unbekannt sind.

~

Vertrösten (das):
eine Art Missbrauch.

~

Grenzen zwischen Kult und Kultur existieren nicht mehr.

~

Sei misstrauisch gegenüber allem dick von Staub Bedeckem.

~

Der Schmerz des Augenblicks färbt Jahrzehnte.

~

Die Welt präsentiert sich runder, als es auf ihr läuft.

~

Manch Pechsträhne beginnt mit der Wahl des Friseurs.

~

An Luftschlössern versuchte sich noch kein Brandstifter.

~

Eine Frau oben ohne ist ent*Hemd*.

~

Nach dem 50. Bier fiel er um: Pilsvergiftung.

~

Zu Hause (das):
das schöpferische Rückzugsgebiet.

~

Die Sau kann nichts dafür, dass sie ein Schwein ist.

~

Sag niemals Existenz, bezeichne es stets als Leben.

~

Geld besitzt magnetische Wirkung auf Menschen.

~

Der Wille ist da, aber keine Ahnung vorhanden.

~

Gemessen am Umgang mit unserer Welt, sind wir Messis.

~

So lange die Menschen leben, geht es auch den Göttern gut.

~

Keiner kann müssen, aber alle müssen können.

~

Lieber Sanitäter als Triebtäter.

~

Der Prahler wuchert mit nicht vorhandenen Aktien.

~

In vielem ist drin, was gerade „in".

~

Egal, wohin – Hauptsache: vorwärts!

~

Ein komischer Typ und dennoch keine Ausnahme.

~

Dein Lebenslang bringe an möglichst vielen Orten zu.

~

Wer das Geld jagt, den jagt das Geld.

~

Echte Sportfreunde werden mit den Jahren zu Brüdern.

~

Zumindest beim Nachdenken zerbrach noch kein Kopf.

~

Die Zeit holt alle Sieger ein.

~

Der Mitmensch ersetzt mir die fehlenden Geschwister.

~

Keiner weiß Genaues, und dennoch mancher alles.

~

Ein Widerspruch: gute Ideen, die Ideen bleiben.

~

Labilität (die):
der stabilste Teil seiner Persönlichkeit.

~

Der Tod hat alle Zeit der Welt.

~

Die Pfeifen tanzen nach dem Pfeifen der Pfeifen.

~

Pessimisten vermehren sich ohne Sprung über ihren Schatten.

~

Wir sind die Lebenden und deshalb in die Pflicht genommen.

~

Jeder wirft einen Schatten, ohne etwas von sich zu schleudern.

~

Jeder Egoist hat einen besten Kumpel.

~

Feierabend – das kann auch früh um vier sein.

~

Das Ego frisst den Menschen auf.

~

Strebe nie nach Dingen, die du zu Hause doch nur stapelst.

~

Außer meiner Frau kann ich keine Beute vorweisen.

~

Wo kämen wir denn hin, wenn wir hier blieben?

~

Bei Völkerwanderungen verlieren Grenzen ihre Bedeutung.

~

Die Welt ist so jung, wie wir Bewohner uns fühlen.

~

Jeder Tag hat eine dunkle Vergangenheit.

~

Der Mensch soll erleben, nicht erdulden.

~

Irgendwann zieht die Karawane ohne dich weiter.

~

Nicht alle Menschen plagt der Durst nach Wissen.

~

Jede Falte steht für eine Erfahrung.

~

Väterchen Rost nagt auch an menschlichen Gelenken.

~

Ich weiß, was die Zeit mit mir vorhat.

~

Leichtfertig gibt man auf, wofür man scheinbar zu alt ist.

~

Unsere Jünger – das sind die Kinder.

~

Erst hing er am Leben und dann am Strick.

~

Trotz Glatze lohnt das Warten auf eine Glückssträhne.

~

Moderne Strauchdiebe steigen aus dicken Autos.

~

Das Verdorbene am Menschen ist lange haltbar.

~

Das Jahr ist noch jung, aber die Probleme bleiben die alten.

~

Ich bin wohl Heide, aber kein Barbar.

~

Kreativität gehorcht nicht der Peitsche.

~

Zeige mir den Schlüssel zur Wahrheit, der kein Dietrich ist!

~

Die Scherben des Polterabends sind manchmal nur die ersten.

~

Von einem Moment zum anderen ist man erlöst oder verloren.

~

Wegrennen ist keine Lösung, gefressen werden aber auch nicht.

~

Lange vor der Erfindung des Glases gab es bereits Flaschen.

~

Dumme, die wissen, was sie wollen, sind höchst gefährlich!

~

Alle Menschen mit einem Ziel vor Augen betreiben Religion.

~

Die Schule formt den Menschen, das Leben gibt ihm Schliff.

~

Zehn mit Bedacht ausgesuchte Zitate ersparen 1/10 der Rede.

~

Gravitation und Geld halten die Welt zusammen.

~

Die Welt schläft nie, doch viel zu oft die guten Geister.

~

Auch die Schattenwirtschaft kommt nicht ohne Lichtquelle aus.

~

Er wohnt im Schloss und gerät leicht aus dem Häuschen.

~

Das gelobte Land wird aus der Ferne mit Lorbeeren behängt.

~

Mit der Zeit läuft jede Zeit ab.

~

Nicht bei jedem steht eine Falte für eine Erfahrung.

~

Alt sind andere, man selbst ist höchstens gereift.

~

Alter (das):
Lebensabschnitt oder Lebenseinschnitt?

~

Egoismus knüpft sich nicht an einen Mindestbesitz.

~

Er wollte sich erschießen, traf aber den Nachbarn.

~

Die Unschuld kann man verlieren und kaufen.

~

Geht es um Geld, wird jede Vernunft abgeschaltet.

~

Die Rolle seines Lebens spielt man im eigenen Leben.

~

Die zu viel wissen, halten am intensivsten still.

~

Dem Mainstream fehlen die statischen Eigenschaften.

~

Mit gutem Gewissen ist sich jeder selbst der Nächste.

~

Immer wieder heiß begehrt – das kalte Buffet.

~

Mit dem Anfang von allem begann der Anfang vom Ende.

~

Der Ahnungslose redet sich mit Plan B heraus.

~

Die Rettung trägt uns nur zum nächsten Augenblick.

~

Was kann ich tun? – *ungleich* – Was soll ich machen?

~

Der Waffennarr ist verknallt in sein Schießeisen.

~

Ob im Kopf oder in der Hausbar – Geist besitzt jeder!

~

Manch Steckenpferd verfügt über spitze Hufeisen.

~

Nicht alle Tatsachen sind nackt, viele jedoch anzüglich.

~

Es besteht kein Grund, sich zu zieren und nicht zu zitieren.

~

Es spricht der Vordenker zu den Nachdenklichen …

~

Dem Nimmersatten reicht es maximal für heute.

~

Wer weiß schon, was nach dem Glücksgefühl kommt.

~

Unbeleckte Menschen sind keineswegs postfrisch.

~

Es geht nicht um Benötigtes, sondern um immer mehr Besitz.

~

Bietet einer Hilfe an, frag' gleich zu welchem Preis.

~

Der Fausthieb gehört nicht zu den qualifizierten Handgriffen.

~

Jegliches Ausleben wird von einem Aus begrenzt.

~

Er hat's gehörig hinter den Ohren – dank Hörgerät.

~

Wer auf die schiefe Bahn gerät, läuft Gefahr, umzufallen.

~

Als die Zeit in die Welt kam, erlernte sie sofort das Fliegen.

~

Sprich nie von deinen Plänen, lass dies die erste Tat tun!

~

Gebratene Tauben fliegen GPS-gesteuert in die Münder.

~

Sage nichts – deine Gestik teilt alles mit!

~

Auf dem Fuße folgt nicht immer nur der Schatten.

~

Eine Reihe von Versuchungen sind den Versuch nicht wert.

~

Moderne Bankräuber haben studiert.

~

Nichts in der Hand, aber scheinbar alles im Kopf haben.

~

Nicht jeder Vorgesetzte ist ein gestandener Mann.

~

Alle suchen nach Schätzen, aber jeder hält etwas anderes dafür.

~

Wer ein Geschenk annimmt, geht eine Verpflichtung ein.

~

Der Veganer lebt nicht vom Tofu allein.

~

Ein gutes Aussehen erhöht das Ansehen.

~

Noch ist nicht aller Tage Feierabend.

~

Die Welt ist der Raum zwischen den Menschen.

~

Leere Menge (die):
einer denkt sich gedankenlos seinen Teil.

~

Der Mensch ist beständig dem Unbeständigen ausgeliefert.

~

Man soll den Schnaps nicht vor dem Kater loben.

~

Hörst du mir zu oder lauschst du den Vögeln?

~

Gebrauchsspuren adeln die Bücher.

~

Der Unwissende gefällt sich darin, ruhig schlafen zu können.

~

Jeder Paläontologe erkennt falsche Fährten sofort.

~

Die Dummheit der anderen ist auch nicht besser als die eigene.

~

„So blöd kann doch kein Mensch sein!" – „Wer sonst?"

~

Das süße Leben ist keine meterlange Lakritzstange.

~

Viele Menschen sind grenzenlos ahnungslos.

~

Einiges ist uns recht und billig, anderes erfreulich, da gratis.

~

Zu jedem Unglück existiert ein Beruf, der Menschen ernährt.

~

Dem Wartenden hilft Gott nicht.

~

Bitte, führe mich in Versuchung, aber sei vorsichtig!

~

Dem Nichtdenkenden misslingt jedes Umdenken.

~

Vor dem Gesetz sind alle gleich, einige jedoch vorverurteilt.

~

Außer den Kindern haben manche Paare nichts gemeinsam.

~

Das ewige Leben – klingt nach sehr viel wartender Arbeit.

~

All die Tage … sind lediglich Alltage.

~

Man spricht von Neubeginn und schleppt stets alte Fehler ein.

~

Es herrschte großer Bahnhof und keiner kam zum Zuge.

~

Dem Scheinheiligen sind die Scheine heilig.

~

Zwei verliebte Glühwürmchen: die kürzeste aller Lichterketten.

~

Manch Vertrauen behält auf ewig seine Bonsaistruktur.

~

Wer klagt, weiß nicht zu schätzen, was er hat.

~

Mit allen Wassern gewaschen, aber nicht ganz sauber.

~

Schwarzes Schaf trifft auf grauen Wolf …

~

Bei Nichtchristen heißt „Nächstenliebe" anders.

~

Wer den Anzug auszog, der zog ihn vorher an.

~

Probleme haben flinke Füße.

~

Da er nichts hat, geben ihm die anderen wenigstens die Schuld.

~

Zur Sünde kann sich nur bekennen, wer sein Tun überdenkt.

~

Die letzten Lebewesen auf Erden sind Aasfresser.

~

Die Crème de la Crème – das sind nicht die Gesalbten.

~

Aphorismen sind Lesezeichen im Text des Lebens.

~

Sind Theorien moderne Märchen?

~

Es heißt Leben und bleibt doch Schule bis zum letzten Tag.

~

Der Pathologe hat täglich mit sprachlosen Frauen zu tun.

~

Lieber gemütlich setzen, als blöd stellen.

~

Im neuen Stall fühlt sich das Schwein sauwohl.

~

Gewaltenteilung (die):
zwei verprügeln einen.

~

Jeder Mensch ist sein eigener Sektenführer.

~

Ich verlange mehr vom Leben als nur fortgesetzte Alterung.

~

Zunächst ist von Liebe die Rede, alles anderes kommt später.

~

Nimm dich so, wie du bist, groß ist die Auswahl nämlich nicht!

~

Durch Selbstmitleid wird man sein eigener Seelsorger.

~

Wer Argumente sammelt, tritt automatisch für eine Lehre ein.

~

Er schläft nicht, er meditiert nonverbal.

~

Wer Geschenke fair verteilt, tut dies noch lange nicht gerecht.

~

Ob es wohl einen Veganer gibt, der Hans Wurst heißt?

~

Der Augenblick ist unser einziger realer Zugang zur Welt.

~

Trauerweide, Schafweide, Augenweide.

~

Die Bienen sind vor allem eins: stichhaltig.

~

Ich küsse deine heiße Stirn und stelle fest: Du hast ja Fieber!

~

Alle kämpfen um die Wahrheit, aber keiner sagt, um welche.

~

Er wurde viel älter als klüger.

~

Pfadfinder war ich nie, Pfadsucher schon immer.

~

Wer Mitgeschöpfe liebt, mag auch Kamele, Esel und Ochsen.

~

Gegen jede Krise wächst ein Kraut und löst die folgende aus.

~

Er leidet nicht an Tollwut, auch wenn es so aussieht.

~

Oft erweist sich eine Lebensphilosophie als Lebensesoterik.

~

Was Hand und Fuß hat, kann kein Wurm sein.

~

Viele Senioren sind übergewichtig: Je oller, je voller.

~

Wer Λ sagt, meint Aphorismus.

~

Der Teufel hat den Schnaps gemacht und ist selbst abstinent.

~

Der Linksabbieger fährt unter Ausschluss des Rechtsweges.

~

Auch Tierhasser wachen gelegentlich mit einem Kater auf.

~

Der Andersdenkende steht nicht mit an diesem geistigen Ufer.

~

Im Land der Unsterblichen existiert keine Mordkommission.

~

Der Anblick von Betrunkenen wirkt immer ernüchternd.

~

Handeln werden wir gemeinsam, sterben muss jeder allein.

~

Zeit, die man sich nimmt, muss man weitergeben.

~

Die Erfindung der Bürokratie beendete die Steinzeit.

~

Wir können nur beherzigen, was wir zu beurteilen bereit sind.

~

Wer spart, misstraut der Zukunft.

~

Es ist bekannt, wie Frauen fühlen und Männer irren.

~

Eine Sammlung entsteht erst durch das Ordnungsprinzip.

~

Wissen besitzt einen spezifischen Nährwert.

~

Dem zerknitterten Gesicht kann kein Bügeleisen helfen.

~

Die Stripperin bekommt Geld für ihren Offenbarungseid.

~

Der Veganer kennt nicht das Gelbe vom Ei.

~

Internationale Sprachlosigkeit herrscht zumeist auf Englisch.

~

Nach der Vogelgrippe kräht kein Hahn mehr.

~

Ein Blick und tausend Worte sagen mehr, als Letzteres allein.

~

Wir alle sind Teil dieser Welt und kein Stück zufrieden.

~

Rubensfrau*en*? Ja, wie viele hatte der denn?

~

Das Fußvolk hält für gewöhnlich seinen Kopf hin.

~

Manch Rampensau zeigt viel von seiner rosa Haut.

~

Jegliche Art von Verträgen reduziert die Freiheit!

~

Ein Kilo Scheine wiegt schwerer als ein Kilo Münzen.

~

Unabhängig vom IQ sind wir am Ende alle die Dummen.

~

Eng gesetzte Grenzen können durchaus korsettartig wirken.

~

Das Gebot der Stunde liefert heute eBay.

~

Nicht jeder, der Grenzen überschreitet, leistet Bedeutsames.

~

Wer Selbstkritik übt, hackt sich letztlich kein Auge aus.

~

Führerhaus (das):
aller Laster Anfang.

~
